Organisation und Recht des Rettungswesens

Band 10

Herausgegeben von Prof. Dr. Gerhard Nadler

Merkmale der Aus- und Fortbildung von betrieblichen Ersthelfer*innen des westlichen Ruhrgebiets

Ole Pries

Diplomica Verlag

Pries, Ole: Merkmale der Aus- und Fortbildung von betrieblichen Ersthelfer*innen des westlichen Ruhrgebiets. Organisation und Recht des Rettungswesens. Band 10, Hamburg, Diplomica Verlag 2022

Buch-ISBN: 978-3-96146-894-2
PDF-eBook-ISBN: 978-3-96146-394-7
Druck/Herstellung: Diplomica Verlag, Hamburg, 2022

Bibliografische Information der Deutschen Nationalbibliothek:
Die Deutsche Nationalbibliothek verzeichnet diese Publikation in der Deutschen Nationalbibliografie; detaillierte bibliografische Daten sind im Internet über http://dnb.d-nb.de abrufbar.

Das Werk einschließlich aller seiner Teile ist urheberrechtlich geschützt. Jede Verwertung außerhalb der Grenzen des Urheberrechtsgesetzes ist ohne Zustimmung des Verlages unzulässig und strafbar. Dies gilt insbesondere für Vervielfältigungen, Übersetzungen, Mikroverfilmungen und die Einspeicherung und Bearbeitung in elektronischen Systemen.

Die Wiedergabe von Gebrauchsnamen, Handelsnamen, Warenbezeichnungen usw. in diesem Werk berechtigt auch ohne besondere Kennzeichnung nicht zu der Annahme, dass solche Namen im Sinne der Warenzeichen- und Markenschutz-Gesetzgebung als frei zu betrachten wären und daher von jedermann benutzt werden dürften.

Die Informationen in diesem Werk wurden mit Sorgfalt erarbeitet. Dennoch können Fehler nicht vollständig ausgeschlossen werden und die Bedey & Thoms Media GmbH, die Autoren oder Übersetzer übernehmen keine juristische Verantwortung oder irgendeine Haftung für evtl. verbliebene fehlerhafte Angaben und deren Folgen.

Alle Rechte vorbehalten

© Diplomica Verlag, Imprint der Bedey & Thoms Media GmbH
Hermannstal 119k, 22119 Hamburg
http://www.diplomica-verlag.de, Hamburg 2022
Printed in Germany

Über diesen Band

Im Notfall sollen betriebliche Ersthelfer*innen qualifizierte Erste-Hilfe im Unternehmen leisten können. Teile der Belegschaft werden dazu in Erste-Hilfe-Kursen ausgebildet. Eine Reform der Ausbildung bezüglich Ausbildungsdauer und -inhalte fand 2015 statt. Ein Ziel war, in den Kursen intensiver auf die Anforderungen der jeweiligen Betriebe einzugehen.

In dieser Bachelorarbeit wird die Effektivität der Ausbildung kritisch hinterfragt. Dazu wurden im Juni und August 2021 die Teilnehmer*innen von Erste-Hilfe-Kursen für betriebliche Ersthelfer*innen zu den letzten von ihnen absolvierten Kursen befragt. Mit einem Wissenstest wurden die Kompetenzen der Teilnehmer*innen in Bezug auf spezielle betriebliche Notfälle geprüft. Auch die Ergebnisse anderer Untersuchungen sowie die Meinung von Experten wurden einbezogen, um die Frage zu klären, ob die Ausbildung den spezifischen Anforderungen in den Betrieben gerecht wird.

Das Ergebnis der eigenen Untersuchung zeigt, dass nur etwa ein Drittel der betrieblichen Ersthelfer*innen den spezifischen Anforderungen in den jeweiligen Betrieben gerecht wurde. Insbesondere konnten Schwachstellen bei Erste-Hilfe-Maßnahmen identifiziert werden, die komplexe Behandlungsstrategien erfordern. Eine hohe Ausbildungsqualität mit einfachen Lehraussagen, die sich auf klare Prinzipien von Erste-Hilfe stützen, ein deutlicher Praxisbezug und eine bessere Motivation der Kursteilnehmer*innen könnten positive Auswirkungen auf die Ersthelferkompetenzen haben.

Über den Herausgeber

Herausgeber der Reihe ist Prof. Dr. Gerhard Nadler. Er hatte an der DHGS – Deutsche Hochschule für Gesundheit & Sport, Berlin, von Sommersemester 2012 bis einschließlich Sommersemester 2021 die Professur für „Organisation und Recht des Rettungswesens" inne. Seit Oktober 2021 leitet er das „Kompetenzzentrum Rettungswesen" bei HUN – Heimerer University Network in München.

Über den Autor

Ole Pries, B.Sc., studierte von Wintersemester 2016/17 bis Wintersemester 2021/22 an der Deutschen Hochschule für Gesundheit & Sport am Campus Unna im Studiengang „Präklinische Versorgung und Rettungswesen". Ole Pries ist Rettungssanitäter und gegenwärtig beim Deutschen Roten Kreuz in Nordrhein-Westfalen im Angestelltenverhältnis im Bereich der Erste Hilfe - Ausbildung von betrieblichen Ersthelferinnen und Ersthelfer tätig.

Beim vorliegenden Werk handelt es sich um die geringfügig überarbeitete Bachelorarbeit des Verfassers, die im Oktober 2021 an der Deutschen Hochschule für Gesundheit & Sport vorgelegt wurde. Erstbetreuer war Prof. Dr. Gerhard Nadler. Zweitbetreuer war Mario Kesseler, M.Eng., Lehrbeauftragter an der Fakultät Gesundheit.

Kontaktadresse des Herausgebers:
Email: Prof.Gerhard.Nadler@gmx.net
Briefpost: Postfach 1332, D-82003 Unterhaching

Inhaltsverzeichnis

Abbildungsverzeichnis

Tabellenverzeichnis

Abkürzungsverzeichnis

1 Einleitung **13**
    1.1 Einführung in die Betriebliche Erste Hilfe 13
    1.2 Problemaufriss 13
    1.3 Erkenntnisinteresse und Forschungsfrage 14
    1.4 Allgemeine Methodik 15

2 Betriebliche Erste Hilfe in Deutschland **17**
    2.1 Definition der Ersten Hilfe 17
    2.2 Entwicklung der betrieblichen Ersten Hilfe 17
    2.3 Art und Anzahl der schweren Arbeitsunfälle in NRW – damals und heute . 18
    2.4 Reform der Erste-Hilfe-Kurse 2015 19
    2.5 Rechtliche Grundlagen 20
    2.6 Anforderungen der Betriebe an betriebliche Ersthelfer*innen 21

3 Die Ausbildung zur betrieblichen Ersthelfer*in **22**
    3.1 Inhalte und Ziele der Ausbildung zur betrieblichen Ersthelfer*in 22
    3.2 Durchführung der Erste-Hilfe-Kurse 24

4 Stand der Forschung **25**
    4.1 Die Rolle der betrieblichen Ersthelfer*innen in der Welt 25
    4.2 Ergebnisse aus dem deutschsprachigen Raum 27
    4.3 Exkurs: Die Herz-Lungen-Wiederbelebung 28

5 Spezielle Methodik **31**
    5.1 Untersuchungsdesign 31
        5.1.1 Teil A: Der Fragebogen *31*
        5.1.2 Der Multiple Choice Test *32*
    5.2 Teilnehmer*innen der Befragung und Durchführung 33

6 Ergebnisse der Untersuchung **35**
    6.1 Ergebnisse des Fragebogens (Teil A) 35
    6.2 Ergebnisse des Multiple Choice Tests (Teil B) 40
    6.3 Auswertung des Multiple Choice Tests 41
        6.3.1 Allgemeine Auswertung *41*
        6.3.2 Individuelle Auswertung *46*

6.3.3 Korrelationen zwischen Antworten von Teil A: Fragebogen 47

6.3.4 Korrelationen der Auswertung des Fragebogens mit Ergebnissen des Multiple Choice Tests 48

7. Diskussion 51

7.1 Das Wissen der Befragten zur Anwendung von Erster Hilfe 51

7.2 Inkorrekte Erste Hilfe und ihre Folgen 54

7.3 Die Einschätzung der Teilnehmer zu Erste-Hilfe-Kursen 56

7.4 Limitationen der Studie 57

8 Schlussbetrachtung 59

Anmerkungsverzeichnis 62

Literaturverzeichnis 65

Internetquellen 67

Anhang 1 Einschätzung der Ausbildung zur betrieblichen Ersthelfer*in von Seiten der Teilnehmer*innen eines Erste-Hilfe-Kurses 72

Anhang 2 Kurzes Anfangsquiz für Erste-Hilfe Kursteilnehmer*innen 74

Abbildungsverzeichnis

Abb. 1: Verteilung nach Betriebsart in 4 Kategorien 35

Abb. 2: Verteilung nach Zeitabstand (in Jahren) zum letzten EH-Kurs 36

Abb. 3: Verteilung nach möglichen betrieblichen Unfällen 37

Abb. 4: Verteilung der TN nach Einschätzung zur Behandlung von betriebsspezifischen Notfällen im letzten EH-Kurs nach Teilnehmeranzahl 38

Abb. 5: Verteilung der TN nach Einschätzung der Vorbereitung auf Notfälle im Betrieb 39

Abb. 6: Verteilung nach Einschätzung der TN zu 2 Jahresabstand der EH-Kurse 39

Abb. 7: Verteilung nach Einschätzung der TN zur Qualität ihres letzten EH-Kurses 40

Abb. 8: Grafische Auswertung FB1 42

Abb. 9: Grafische Auswertung FB2 43

Abb. 10: Grafische Auswertung FB3 44

Abb. 11: Grafische Auswertung FB4 45

Abb. 12: Grafische Auswertung FB5 45

Abb. 13: Verteilung der TN-Subgruppen (O-2;2-5 Jahre) nach eigener Einschätzung der individuellen Vorbereitung, qualifizierte EH zu leisten 47

Abb. 14: Punktedurchschnitt der Gesamt TN und TN Subgruppen nach möglichen Notfallsituationen in individuellen Betrieben 50

Tabellenverzeichnis

Tab. 1: Durchführung der Befragung 34

Tab. 2   Bewertungsschema Teil B 42

Tab. 3: Gesamt-Bewertungsschema Teil B 46

Tab. 4: Gesamt-Punkteverteilung Multiple Choice Test 46

Abkürzungsverzeichnis

%	Prozent
§	Paragraph
AED	Automatischer Externer Defibrillator
BAGEH	Bundesarbeitsgemeinschaft Erste Hilfe
BG	Berufsgenossenschaft
BGB	Bürgerliches Gesetzbuch
BLS	Basic-Life-Support
ca.	circa
d.h.	das heißt
DGUV	Deutsche Gesetzliche Unfallversicherung
DLRG	Deutsche Lebens-Rettungs-Gesellschaft
DRK	Deutsches Rotes Kreuz
EH	Erste Hilfe
ERC	European Resuscitation Council
FAQ	frequently asked questions
ggf.	gegebenenfalls
HKS	Herz-Kreislauf-Stillstand
HLW	Herz-Lungen-Wiederbelebung
s.a.	siehe auch
StGB	Strafgesetzbuch
TN	Teilnehmer*in, Teilnehmer*innen
UE	Unterrichtseinheit
V	Volt
z.B.	zum Beispiel

1 Einleitung

1.1 Einführung in die Betriebliche Erste Hilfe

In Deutschland arbeiten Fach- und Hilfsarbeiter*innen in unterschiedlichen Betrieben miteinander. Davon ist eine Vielzahl zur betrieblichen Ersthelfer*in ausgebildet. Im Jahr 2019 wurden ca. 2,1 Mio. betriebliche Ersthelfer*innen registriert (01). Der Spitzenverband der gesetzlichen Unfallversicherungen DGUV verlangt durch § 26, DGUV Vorschrift 1, dass bei 2 bis 20 gleichzeitig im Betrieb anwesenden Versicherten mindestens eine Person zur betrieblichen Ersthelfer*in ausgebildet ist. Diese Ausbildung wird über 8-stündige Erste-Hilfe-Kurse (EH-Kurse) mit einem Abstand von 2 Jahren vorgenommen. Zu den Ausbildungsträgern zählen vom DGUV ermächtigte Ausbildungsstellen. Dazu gehören Hilfsorganisationen wie das Deutsche Rote Kreuz, die DLRG, der Arbeiter Samariter Bund, die Johanniter oder der Malteser Hilfsdienst sowie freie Anbieter (02). Die Ausbildungsinhalte sind von der DGUV vorgegeben und umfassen beispielsweise die Rettung aus dem Gefahrenbereich, einfache Wundversorgung und die Herz-Lungen-Wiederbelebung mit Defibrillator. Durch die Erfüllung von Ausbildungsvorgaben und der Vorhaltung von Ersthelfer*innen im Betrieb, kommen Ausbildungsträger und Betriebe den Forderungen des Gesetzgebers und der Unfallversicherungen nach.

1.2 Problemaufriss

Teilnehmer*innen eines EH-Kurses kommen üblicherweise aus unterschiedlichen Tätigkeitsbereichen und werden gemeinsam geschult. Dabei steht infrage, ob Ausbildungsart und Ausbildungsinhalte den speziellen Anforderungen der unterschiedlichen Betriebe gerecht werden können. Bisher lernen Büromitarbeiter*innen oder Warenverkäufer*innen die Behandlung von Amputationsverletzungen, Verbrennungen oder ausgeschlagenen Zähnen ebenso wie Fachkräfte aus der Fertigungsindustrie oder Lagerarbeiter*innen. Die Wahl der Beispiele macht die Heterogenität der möglichen Unfälle in Betrieben deutlich. Dennoch wird Personal aus den jeweiligen Bereichen gemeinsam geschult und mit den gleichen Kursinhalten ausgebildet. Je nach Berufsbranche und dem individuellen Tätigkeitsfeld unterscheiden sich die möglichen Arbeitsunfälle, insbesondere in der zu erwartenden

Schwere erheblich. Die Berufsgenossenschaft (BG) Handel und Waren wertete 2019 die Anteile der tödlichen Arbeitsunfälle der Versicherten (69 Fälle) nach Tätigkeitsbereich mit 12,8% beim Umgang mit Maschinen und Kraftfahrzeugen und 1,9% beim Umgang mit Textilien und Lederwaren aus (03).

Auch in der Häufigkeit von Arbeitsunfällen unterscheiden sich die Berufsbereiche. Ergebnisse einer Erhebung aus 2013 zeigen, dass Arbeitsunfälle im Berufsbereich Unternehmensorganisation, Buchhaltung, Recht und Verwaltung mit einem Vorkommen von 1,3 % bei 7.974 Beschäftigten im Vergleich gering ausfallen. Bei 894 Befragten aus Land- Forst- und Tierwirtschaft und Gartenbau, stehen dem 5,9 % gegenüber (04).

Zurzeit findet ein Wandel des Arbeitslebens statt. Die als Arbeit 4.0 bezeichnete Entwicklung schafft einen neuen Rahmen für Kompetenzanforderungen und Berufsbilder in Deutschland und der Welt (05). „Trotz ihrer historischen Erfolgsgeschichte unterliegen auch die Inhalte des Arbeitsschutzes den Erfordernissen einer Neuorientierung und müssen bedarfsbezogen angepasst und entsprechend erweitert werden" (06). Unter das Arbeitsschutzgesetz fällt u.a. die betriebliche Organisation der Ersten Hilfe und damit die Pflicht zum Bereitstellen von Ersthelfern im Betrieb (07). Es ist davon auszugehen, dass sich die Anforderungen an bedarfsgerechte Erste Hilfe (EH) ändern, da betriebliche Ersthelfer*innen immer mehr in hoch spezialisierten Berufen arbeiten werden.

1.3 Erkenntnisinteresse und Forschungsfrage

Die vorliegende Arbeit zielt darauf ab, die Ausbildung zur betrieblichen Ersthelfer*in in Duisburg als pars pro toto im Stand der letzten Jahre (2010-2019) abzubilden. In der Arbeit sollen vor dem Hintergrund der geforderten Entwicklung, der Neuorientierung und bedarfsbezogenen Anpassung, eventuelle Schwachstellen in der Ausbildung zur betrieblichen Ersthelfer*in identifiziert werden. Diese könnten sich aus einer Ausbildung ergeben, die zu wenig umfangreich oder wenig speziell auf die Anforderungen der Arbeitsfelder eingeht. Einige Teilnehmer*innen von EH-Kursen sehen diese als lästige Pflicht. Pluntke erkennt 2005 in *sicher ist sicher - Arbeitsschutz aktuell,* dadurch Motivationsprobleme der EH-Kursteilnehmer. Zwang zur Lehrgangsteilnahme, mangelndes Interesse und Nachholen der liegengebliebenen Arbeit seien kontraproduktiv für die Ersthelfermotivation (08). Durch eine mangelhafte Ausbildung zur Ersten Hilfe könnte, aufgrund der entstehenden Arbeitsausfälle und folgenden Kosten, ein wirtschaftlicher Schaden entstehen. „Jeder Unfall und Notfall, ob mit oder ohne verletzte Personen, ist eine Betriebsstörung und verursacht damit grundsätzlich erst einmal Kosten für das Unternehmen" (09). Eine EH-Ausbildung, die nicht auf die betrieblichen Erfordernisse eingeht, könne weitgehender schaden und im Einzelfall zum Tod führen.

So wird in der DGUV Information zum Ersthelfer im Betrieb formuliert: „Eine Erste Hilfe, die sich in der Möglichkeit erschöpft, ärztliche Hilfe herbeizurufen oder die Verletzten schnell ins Krankenhaus zu bringen, könnte für Notfallpatienten und -patientinnen tödlich sein […]" (10).

Die theoretischen Inhalte und praktischen Maßnahmen zur betrieblichen EH werden durch Ausbilder*innen vermittelt. Die Unterrichtsqualität, mit der „[…] Ausbilder Wissen, Fertigkeiten und Haltungen vermitteln […] (11)" kann im Rahmen der Arbeit durch Einschätzung wiedergegeben werden und bietet einen Anhaltspunkt für die Qualität der Ausbildung. Ein Zusammenspiel aus guter Ausbildung, einer hohen Motivation der Teilnehmer*innen und bedarfsgerechten Ausbildungsinhalten, könnte sich positiv auf die betriebliche EH auswirken.

Das Ziel dieser Arbeit ist es, herauszufinden, ob neue oder angepasste Aus- und/ oder Fortbildungskonzepte für betriebliche Ersthelfer*innen sinnvoll wären.

Daraus ergibt sich die Forschungsfrage: Werden betriebliche Ersthelfer*innen durch Qualifizierungs- und Fortbildungsmaßnahmen angemessen auf die aktuellen Anforderungen in den Betrieben vorbereitet?

1.4 Allgemeine Methodik

Zur Übersicht wird das Thema der betrieblichen Ersten Hilfe aufgeschlüsselt: Die Entwicklung der betrieblichen Ersten Hilfe und ihrer Organisation, rechtliche Grundlagen als auch Inhalte und Ziele der Ausbildung zur betrieblichen Ersthelfer*in. Durch Analyse themenspezifischer Fachliteratur soll der derzeitige Stand der

Forschung zum Thema EH-Ausbildung in Deutschland abgebildet werden. Eine Befragung der Kursteilnehmer*innen von 12 EH-Kursen per Fragebogen gliedert sich in Teil A und Teil B. Hierbei wird nach der Einschätzung gegenüber der Ausbildung zur betrieblichen Ersthelfer*in gefragt (Teil A). Ein anschließender Multiple Choice Test (Teil B) soll die Wirksamkeit von EH-Kursen zur Erlangung von nachhaltigem Wissen zu speziellen EH-Maßnahmen im Betrieb prüfen.

Fragebogen		
Gliederung	Teil A	Teil B
Items	9	5

Anhang 1: Fragebogen für EH-Kursteilnehmer*innen

2 Betriebliche Erste Hilfe in Deutschland

2.1 Definition der Ersten Hilfe

EH ist die Durchführung von Maßnahmen, deren Ziel das Überleben und/oder eine verbesserte Ausgangssituation zur Genesung von Betroffenen ist. Betroffene können eine oder mehrere akute Erkrankungen oder Verletzungen haben. Die Linderung von Leid, psychischer oder physischer Natur ist Bestandteil der EH. Ersthelfer sind in EH ausgebildet, sie sollen Notlagen feststellen, in ihrer Schwere einschätzen und Maßnahmen in geeigneter Reihenfolge anwenden können. Die Anwendung der EH-Maßnahmen soll durch in der Ausbildung erlernte Kompetenzen erfolgen. Durch Erkennen der Grenzen eigener Möglichkeiten fordert der Ersthelfer weitere Hilfe an (12). Die EH ist bei Unfällen und Notfällen im Betrieb eine geeignete Maßnahme um Personenschäden und wirtschaftliche Schäden abzuwenden. Dabei ist ein Unfall ein Ereignis, welches von außen in schädigender Form auf den Körper einwirkt. Dies ist zeitlich begrenzt (13). Wichtig bei der Durchführung von EH und für das Überleben ist die Aufrechterhaltung von Vitalfunktionen. Diese sind Atmung, Kreislauf (Blutdruck und Pulsfrequenz) sowie physiologische Körpertemperatur.

2.2 Entwicklung der betrieblichen Ersten Hilfe

Durch die rasante Entwicklung und Ausbreitung industrieller Arbeitszweige und Verkehrswege Ende des 19. Jahrhunderts, waren Arbeiter*innen immer mehr Gefahren am Arbeitsplatz ausgesetzt. Zudem fand durch die hohe Anzahl an Arbeitsmöglichkeiten in den Städten zu der Zeit eine Landflucht statt (14). „Insbesondere die zugewanderten Beschäftigten waren zwar mit der althergebrachten Handarbeit des ländlichen Betriebes vertraut, sahen sich jetzt aber erstmals mit der gefährlichen, überwiegend von Maschinen beherrschten Industriearbeit und den überlangen Arbeitszeiten konfrontiert" (15). Der Verband Berliner Zimmerleute lud 1887 den Arzt Dr. Ludwig Bernstein dazu ein, über EH am Arbeitsplatz zu referieren. Der reine Vortrag aber, so Bernstein, habe keinen praktischen Nutzen. Als Lösung forderten die Zimmerleute einen praktischen Kurs in EH und Bernstein unterrichtete 100 Beschäftigte aus unterschiedlichen Berufen. Des Weiteren entwickelte sich aus dieser betrieblichen Selbsthilfe der Arbeiter Samariter Bund (16). Nach weiteren ersten und örtlich begrenzten Entwicklungen in betrieblicher EH wurden 1953 im Rahmen der Zivilschutzvorsorge erste Hilfsorganisationen zur Durchführung von EH-Kursen staatlich anerkannt. Das Deutsche Rote Kreuz, der Arbeiter Samariter Bund, Johanniter und Malteser wurden mit der Durchführung der EH-Kurse beauftragt. Heute sind die erlernten Maßnahmen von betrieblichen Ersthelfern vor Eintreffen des Rettungsdienstes durchzuführen. Eine Pflicht zur Teilnahme an EH-Kursen für Führerscheinbewerber wurde 1968 vom Gesetzgeber beschlossen, da zu dieser Zeit die Zahl an Verkehrstoten besonders hoch war (17).

Im Jahr 1988 haben die westdeutschen Hilfsorganisationen Deutsches Rotes Kreuz, Malteser Hilfsdienst, Arbeiter Samariter Bund und Johanniter Unfall Hilfe ihre angebotenen Ausbildungen zum Ersthelfer durch die dafür gegründete Bundesarbeitsgemeinschaft Erste Hilfe (BAGEH) zeitlich und inhaltlich abgestimmt (18). Auffällig ist, dass sich die Entwicklung der EH im Bereich Reanimation durch Laienhelfer immens entwickelt hat. Spezifische Forschung und Kompetenzerweiterungen des Ersthelfers (z.B. Benutzung eines Automatischen Externen Defibrillator, AED genannt) sind seit jeher im Fokus von Wissenschaft und Medien. Spezifische Fragestellungen bezüglich der Arbeitswelt, wie z.B. die Effektivität von Ersthelfern bei Verbrennungen, stumpfer Gewalteinwirkung oder Stromschlag, wurden in der Forschung bisher wenig behandelt (siehe Kapitel 4).

2.3 Art und Anzahl der schweren Arbeitsunfälle in NRW – damals und heute

Auf dem 21. Kongress der Deutschen Gesellschaft für Unfallheilkunde, Versicherungs- und Versorgungsmedizin im Jahr 1957 in Köln berichtete der Chirurg Dr. W.P. Beck aus Bochum über schwere Arbeitsunfälle in der Schwerindustrie im Ruhrgebiet. Nach dem Bericht von Beck musste einem Bergmann, dessen Arm eingeklemmt war, durch einen herbeigerufenen Chirurgen aus dem Bergmannsheilklinikum, unterstützt durch einen OP-Pfleger, unter Tage der Arm oberhalb der Ellenbeuge amputiert werden. Ein anderer Bergmann wurde durch auslaufende Feinkohle verschüttet. Nach dem Ausgraben des Verschütteten wurden durch einen Arzt ein schwerer Volumenmangelschock sowie schwere und ausgedehnte Quetschungen diagnostiziert. Bei zwei Arbeitern, die durch Starkstrom schwerste Verbrennungen erlitten hatten,

mussten Arzt und Krankenpfleger aus dem Klinikum vor Ort invasive medizinische Maßnahmen wie maschinelle Beatmung ergreifen, um den Zustand der Patienten zu stabilisieren (19). Sicher waren das keine Arbeitsunfälle, die an der Tagesordnung waren, aber dennoch typisch für diese Zeit. Ab 1970 reduzierte sich die Zahl der schweren Arbeitsunfälle in der Bundesrepublik Deutschland. Wurden im genannten Jahr noch 2,6 Arbeitsunfälle pro 1000 Arbeiter*innen erhoben, belief sich die Anzahl 1990 auf 1,2 Arbeitsunfälle pro 1000 Arbeiter*innen. Diese schweren Arbeitsunfälle wurden besonders im Bergbau, im Baugewerbe, im Transportgewerbe und sonstiger Industrie registriert. Ein Indikator für die Anzahl schwerer Arbeitsunfälle könnte die Zahl der tödlichen Arbeitsunfälle sein. Im Jahr 1992 zählte Nordrhein-Westfalen ca. 6,09 Millionen Vollbeschäftigte. Tödliche Arbeitsunfälle ereigneten sich in der zwölfmonatigen Zeitspanne 130 Mal. Am häufigsten traten Kollisionen von Körpern und Material, Abstürze sowie Quetschungen und Überrolltrauma auf (20). Im Jahr 2019 wurden 83 tödliche Arbeitsunfälle in Nordrhein-Westfalen dokumentiert (21). Die Zahl der Erwerbstätigen belief sich auf 9,65 Millionen Arbeitnehmer*innen (22).
In 1992 starben demnach 0,021 von 1000 Erwerbstätigen. In 2019 waren es 0,0086 von 1000 Erwerbstätigen. Im Vergleich beider Jahre ist die Quote von tödlichen Arbeitsunfällen pro 1000 Arbeitnehmern in Nordrhein-Westfalen um 59,05 % gesunken. Sollte der Wert konstant bleiben, bedeutet dies, dass innerhalb von 40 Berufsjahren ca. jeder dreitausendste Erwerbstätige in NRW an einem Arbeitsunfall verstirbt. Der weitere Strukturwandel vom Bergbau und der Industrie zu Dienstleistungen und Handel in NRW und besonders im bevölkerungsreichen Ruhrgebiet könnte für die weitere Abnahme der Anzahl schwerer Arbeitsunfälle sorgen. Eine Verbesserung der Arbeitsbedingungen und des Arbeitsschutzes, sowie eine möglichst schnelle und effiziente Einleitung der Rettungskette bei schweren Arbeitsunfällen durch kompetente betriebliche Ersthelfer, könnte in Zukunft ein positiver Faktor für die Entwicklung der Sicherheit von Erwerbstätigen in Nordrhein-Westfalen sein.

2.4 Reform der Erste-Hilfe-Kurse 2015

Eine Reform zur Ausbildung in EH fand im März 2015 statt. Bis 2015 wurden 16 UE, d.h. eine an 2 Tagen stattfindende Ausbildung durchgeführt. Inhalte und Lernziele sind seitdem im Grundsatz 304-001 der DGUV „Ermächtigung von Stellen für die Aus- und Fortbildung in Erster Hilfe" reglementiert. Grundsätzliche Handlungsstrategien der EH und der Fokus auf lebensrettende Sofortmaßnahmen ersetzen neben einfachen EH-Maßnahmen den vormals theorielastigen, zweitägigen Kurs. Das Hauptaugenmerk soll seitdem auf Praxis gelegt werden. Gleichzeitig steht eine Stärkung der Teilnehmerorientierung im Vordergrund. Es sollten im individuellen Kurs, optionale Themen nach den betriebsspezifischen Gegebenheiten als Lehrinhalte ausgewählt werden (23). Die Qualifikation zur betrieblichen Ersthelfer*in wird durch Fortbildungen im Abstand von 2 Jahren mit ebenfalls 9 UE erhalten. Die DGUV bietet hierfür, je nach Bedarf, ebenfalls optionale Themen in den Maßgaben der Inhalte von EH-Kursen an (24). Damit sollen Betriebe mit speziellen Unfallrisiken adressiert werden. Heute ist die EH so organisiert, dass ausgebildete Ersthelfer, Verbandmaterial, Meldeeinrichtungen für den Notruf und Rettungspläne im Betrieb vorgehalten werden müssen (25).

2.5 Rechtliche Grundlagen

Zunächst ist die allgemeine Pflicht zur Hilfeleistung zu nennen, die sich aus § 323c StGB ergibt: „Wer bei Unglücksfällen oder gemeiner Gefahr oder Not nicht Hilfe leistet, obwohl dies erforderlich und ihm den Umständen nach zuzumuten, insbesondere ohne erhebliche eigene Gefahr und ohne Verletzung anderer wichtiger Pflichten möglich ist, wird mit Freiheitsstrafe bis zu einem Jahr oder mit Geldstrafe bestraft" (§ 323c Absatz 1 StGB). Allein daraus kann die Pflicht zur betrieblichen Ersten Hilfe abgeleitet werden, da im Allgemeinen eine Arbeitstätigkeit im Betrieb nicht als andere wichtige Pflicht gilt. § 323c StGB wird im Laufe von EH-Kursen üblicherweise angesprochen, auch um die Strafbarkeit durch Unterlassen zu verdeutlichen. EH Ausbilder verweisen auf die rechtliche Situation mit dem gängigen Satz: „Falsch ist es, nichts zu tun!" Die Hilfe leistende Person muss grundsätzlich keinen Schadensersatz bei entstandenen personellen oder materiellen Schäden leisten. Ausnahmen sind grob fahrlässige Handlung oder Körperverletzung mit Vorsatz (26). Als grob fahrlässige Handlungen können Handlungen wider den gesunden Menschenverstand gelten, z.B. der Löschversuch eines Brandes mit Benzin. Als Ausnahme und Beispiel für eine andere wichtige Pflicht ist die Aufsichtspflicht von Erziehern gegenüber Schutzbefohlenen aus dem BGB zu nennen, die durch den Nebensatz von § 323 c StGB Abs 1 „[…] und ohne Verletzung anderer Pflichten möglich ist […]" nicht mit der Pflicht zur Hilfeleistung in Konflikt gerät. Nicht nur die direkt Hilfe leistende Person ist hier adressiert. Die DGUV interpretiert eine Unternehmerpflicht, Strukturen und Personal zur Ersten Hilfe vorzuhalten auch aus § 323c heraus. Es sei der Unternehmer*in zuzumuten, die nötige Sorgfalt, Personal zur Ersten Hilfe vorzuhalten, nicht nur aus arbeitsrechtlichen Gründen zu betreiben (27). So wird gewährleistet, dass EH nicht nur Betriebsangehörigen widerfährt, sondern wenn möglich, jeder Mitarbeiter jeder Person im/ oder in der Umgebung des Betriebes hilft. Die unternehmerischen Pflichten bezüglich der betrieblichen EH ergeben sich aus gesetzlichen Grundpflichten des BGB, des Handelsgesetzbuches, des Arbeitsschutzgesetzes, des Jugendarbeitsschutzgesetzes, des Mutterschutzgesetzes, des Seemannsgesetzes und des Bundesberggesetzes.

Dadurch wird die Forderung, das „[…] Leben und die Gesundheit der Staatsbürger und -bürgerinnen zu schützen" aus Art. 2 Abs. 2 und Art. 20 Abs. 1 Grundgesetz erfüllt. § 21 des Sozialgesetzbuch VII ist Grundlage der Verpflichtung von Unfallversicherungsträgern. Nach § 22 Abs. 1 Sozialgesetzbuch 1 und § 14 Sozialgesetzbuch VII sind diese, neben Verhütung von Unfällen und Gesundheitsgefahren, zur Schaffung von wirksamer Erster Hilfe verpflichtet (28).

2.6 Anforderungen der Betriebe an betriebliche Ersthelfer*innen

Die DGUV beschreibt betriebliche EH als „[…] Leistungen […], durch die Verletzte und Erkrankte zur Abwendung akuter Gesundheits- und Lebensgefahren durch eigens dazu ausgebildete Helfer oder Helferinnen vorläufig versorgt werden" (29). Hilfe sind dabei Maßnahmen, die drohenden Schaden abwenden (30). Schmitt schreibt im *Leitfaden zur Organisation der Ersten Hilfe und des Sanitätsdienstes im Unternehmen*, dass Unternehmen dafür sorgen wollen, jene „[…] Gefährdungen und Verletzungen von Mitarbeitern zu vermeiden, bzw. zu reduzieren" (31). In dieser Arbeit wird demnach, als Anforderung der Betriebe gegenüber betrieblicher EH, nicht das Beherrschen von Maßnahmen zur Abwehr gesundheitlicher Gefahr verstanden. Vielmehr geht es darum, den Prinzipien der EH zu folgen und ein geeignetes Mittel zur Abwehr von Gefahr für die Gesundheit im individuellen Fall zu finden.

3 Die Ausbildung zur betrieblichen Ersthelfer*in

3.1 Inhalte und Ziele der Ausbildung zur betrieblichen Ersthelfer*in

Im DGUV Grundsatz 304-001 „Ermächtigung von Stellen für die Aus- und Fortbildung in der Ersten Hilfe" sind die Lernziele neben praktischen Inhalten für die Ausbildung zur betrieblichen Ersthelfer*in vorgegeben. Die Ausbildungsträger und vor allem die Ausbilder*innen müssen ihre EH-Kurse dementsprechend gestalten (32). Ausbildungsinhalte und -umfang haben

> „[...] mindestens dem Stoff zu entsprechen, der in sachlicher Übereinstimmung mit den in der Bundesarbeitsgemeinschaft Erste Hilfe vertretenen Hilfsorganisationen und unter Berücksichtigung von Empfehlungen des Deutschen Beirates für Erste Hilfe und Wiederbelebung bei der Bundesärztekammer in den Lehrplänen und Leitfäden zum Erste-Hilfe Lehrgang festgelegt ist" (33).

Die im DGUV Grundsatz angeführten Inhalte umfassen 18 Punkte. Im Nachfolgenden werden die Punkte genannt, die im methodischen Teil der Arbeit, im Wissenstest abgefragt werden. Allgemeine, nicht betriebs- und tätigkeitsspezifische Lerninhalte, wie die Herz-Lungen-Wiederbelebung, werden aus Gründen der Übersichtlichkeit hier nicht angeführt.

Die Lehrinhalte sind:

Wundversorgung mit geeigneten Verbandmitteln

- bei Verbrennungen
- bei Verätzungen
- bei Fremdkörpern in der Wunde

Maßnahmen bei Prellungen und Gelenkverletzungen

Maßnahmen bei Stromunfällen (34).

Die Lehrinhalte folgen aktuellen Prinzipien der Ersten Hilfe. Für den in Kapitel 5.3 beschriebenen Wissenstest gelten folgende Prinzipien:
1) Ätzende Substanzen werden, möglichst mit fließendem Wasser und möglichst lange, nach körperfern abgespült (35). Erklärung: Die Elimination der Substanz wird durch starke Verdünnung und Abtragung erreicht.

2) Bei penetrierenden Verletzungen sollen keine in der Wunde steckenden Fremdkörper entfernt werden (36). Erklärung: Fremdkörper „tamponieren" verletzte Gefäße und verhindern eine stärkere Blutung; die Manipulation der Wunde durch Laien könnte Folgeschäden verursachen.

3) Großflächige Verbrennungen nicht lange kühlen, wichtiger ist der Wärmeerhalt der betroffenen Person (37). Erklärung: Die verletzte Haut verliert ihre Wärmeisolationswirkung. Die Körperwärme wird vermehrt nach außen abgegeben, wobei eine weitere Kühlung zur Unterkühlung führen kann.

4) Es wird keine Wundbehandlung durchgeführt, steriles Abdecken genügt (38). Erklärung: Die korrekte Wundbehandlung obliegt medizinischem Personal, da je nach Wunde, differenzierte Mittel und Techniken angewendet werden sollten. Überempfindlichkeitsreaktionen aufgrund in die Wunde eingebrachter Substanzen sind möglich.

5) Einwirkungen von Haushaltsstrom (220 V) auf den Körper sollen in der Notaufnahme abgeklärt werden (39). Erklärung: Durch die Stromeinwirkung kann es zu strukturellen Herzschädigungen kommen, welche zeitverzögert in einigen Fällen lebensbedrohliche Herzrhythmusstörungen auslösten. Dies kann durch ein EKG und durch Laboranalyse nach Blutentnahme detektiert werden (40).

6) Die Behandlung von Prellungen oder Gelenkverletzungen kann mithilfe der **PECH** Regel erwogen werden:

P wie Pause steht für die Ruhigstellung der Extremität, bzw. das Ruhen der Tätigkeit.

E wie Eis steht für die Kühlung des Verletzten Areals durch Kühlpacks, Eiswickel, Kühlspray

C wie Compression (engl.) steht für Druck durch einen Verband, um die Gelenkverletzung zu stabilisieren.

H wie Hochlagern steht für die erhöhte Lagerung einer verletzten Extremität (41). Das Ziel der Ausbildung ist, dass die Teilnehmer*innen im Rahmen eines Notfallgeschehens die erlernten Basismaßnahmen nach geltenden Standards durchführen können (42).

3.2 Durchführung der Erste-Hilfe-Kurse

Die Ausbildung zur betrieblichen Ersthelfer*in wird durch Ausbilder*innen durchgeführt. Diese müssen „[…] mindestens eine Erste-Hilfe-Ausbildung und eine Sanitätsausbildung mit dokumentierter und erfolgreich abgeschlossener Prüfung […] (43)" absolviert haben. Sie werden durch die Ausbildungsträger in speziellen Schulungen mit Erhalt eines Ausbilderscheins zur Ausbilder*in zertifiziert. In diesem Kurs erhalten sie zu ihrer medizinisch-fachlichen, die pädagogische Qualifikation. „Diese Lehrkräfteschulung umfasst mindestens 56 Unterrichtseinheiten in einem reinen Präsenzlehrgang mit Prüfung" (44). Inhalt und Umfang der EH-Kurse soll mindestens dem Stoff entsprechen, der durch die Bundesarbeitsgemeinschaft EH (BAGEH) erarbeitet wurde und in den Leitfäden der Ausbildungsstellen integriert ist. Die Empfehlungen des Deutschen Beirates für EH und Wiederbelebung der Bundesärztekammer sind in den Leitfäden implementiert (45). Methodisch-didaktische Grundlagen werden in den Ausbilderlehrgängen vermittelt und von den Ausbilder*innen im Kurs angewendet. Die Vorgabe der DGUV sind 9 Unterrichtseinheiten (UE) mit einer jeweiligen Dauer von 45 Minuten. In diesen UEs vermitteln Ausbilder*innen Theorie und Praxis der ersten Hilfe. Im praktischen Teil wird methodisch zwischen Ausbilderdemonstration (AD) und Teilnehmerübung (TÜ) unterschieden. Von der DGUV vorgegebene, praktische Anteile mit Bezug auf das Thema der vorliegenden Arbeit sind die Rettung aus dem Gefahrenbereich (AD), Wundversorgung mit Verbandmitteln (TÜ), Anlegen eines Druckverbandes am Arm (TÜ). Optionale Themen ohne Vorgaben der Lehrmethode sind z.B. das Erkennen und Behandeln von: Erfrierungen, Knochenbrüchen und Gelenkverletzungen, Brandwunden, Verätzungen, Unterkühlungen, Augenverletzungen, Vergiftungen – und ggf. spezifische Inhalte besonderer Zielgruppen. Diese Themen sollen nach besonderem Bedarf der Teilnehmenden/ Unternehmen in die Ausbildung optional miteinfließen (46). Nach Ableistung des Grundkurses werden betriebliche Ersthelfer*innen alle 2 Jahre durch eine Fortbildung geschult. Dies geschieht zur Festigung der in den Grundkursen erworbenen Kompetenzen. Diese Veranstaltungen unterscheiden sich durch eine größere Anzahl optionaler Themen und Ausbilderdemonstrationen (47).

4 Stand der Forschung

Um relevante Studien und Publikationen zu identifizieren, wurden die Internet Suchmaschine google scholar, die Datenbank pubmed und das wissenschaftliche Netzwerk researchgate in Anspruch genommen. Suchbegriffe waren Betriebliche Ersthelfer, Erste-Hilfe-Kurs, First Aid Bystander, Erste Hilfe am Arbeitsplatz, First Aid in Workplace. Um Aktualität zu gewährleisten, wurden Publikationen aus den Jahren 2000-2021 gesucht. Im Jahr 2000 einigten sich die Hilfsorganisationen auf gemeinsame Grundsätze zur Aus- und Fortbildung von Lehrkräften. So kann von einer Qualitätssteigerung der Breitenausbildung EH ab 2000 in Deutschland ausgegangen werden (48). Zusätzlich wurde Fachliteratur erworben oder ausgeliehen.

4.1 Die Rolle der betrieblichen Ersthelfer*innen in der Welt

Damit bei Notfällen im Betrieb EH geleistet werden kann, müssen neben den materiellen, die personellen Voraussetzungen stimmen. Im Jahr 2018 wurde ein systematic review zur EH am Arbeitsplatz in der Welt veröffentlicht. Resultierend sollten Mitarbeiter*innen von adäquatem theoretischem und praktischem Training profitieren. „Employees involved in First Aid interventions should benefit from an adequate theoretical and practical training as well as suitable places with an access to the adapted equipment they need" (49). Das Adjektiv adequate meint im Englischen, in Bezug auf Quantität und besonders auf Qualität, zufriedenstellend (50). Quantitativ führten Auffrischungskurse in Erster Hilfe demnach zu mehr Kenntnissen sowie besseren theoretischen und praktischen Fähigkeiten.

Maßnahmen zur Steigerung der Qualität von EH-Kursen werden nicht erwähnt. Im Allgemeinen scheint den Ländern die EH am Arbeitsplatz wichtig zu sein, obwohl es keine international übereinstimmenden Empfehlungen dazu gibt (51).

EH kann nach Bakke et al. die Überlebenswahrscheinlichkeiten von Unfallopfern steigern. 330 Notrufe wurden 2015 in Norwegen ausgewertet und in 97% der Fälle waren Ersthelfende vor Ort. Untersucht wurde die Häufigkeit des Eingreifens durch Ersthelfende nach einem Unfallgeschehen, die Qualität der EH, der berufliche Hintergrund der Ersthelfenden und ob vorherige EH-Kurse einen Effekt auf die Behandlungsqualität hatten. 43 von 330 Betroffenen benötigten eine Basis-Atemwegssicherung, welche in

76% der Fälle korrekt durchgeführt wurde. Bei 63 Betroffenen musste eine Blutungskontrolle erfolgen, welche in 81% der Fälle durchgeführt wurde. Bei 204 Unfallopfern war ein Wärmeerhalt indiziert. Diese Maßnahme wurde in 62% der Fälle angewendet. 35% der Ersthelfenden hatten einen EH-Kurs absolviert; diese boten eine höhere EH Qualität als Personen ohne Training in EH. Die Autoren identifizieren den Wärmeerhalt als kritisches Element in öffentlicher Wahrnehmung und Ausbildung (52).

In *Prehospital and Disaster Medicine* publizierten Husum und Mudhafar ihre Studie „Trained lay first responders reduce trauma mortality: a controlled study of rural trauma in Iraq". In ländlichen Gebieten des Iraks wurden 7.000 Personen in Erster Hilfe bei schweren Verletzungen geschult. Durch die Minen- und Kriegsgebiete kam es zu vielen schweren Unfällen mit Personenschäden ohne direkte Todesfolge (n=1341). In 325 Fällen waren ausgebildete Ersthelfer*innen vor Ort. In 1016 Fällen waren keine ausgebildeten Ersthelfer*innen anwesend. Mit qualifizierter EH durch Ausgebildete starben 10% der Verletzten, ohne Anwesenheit von ausgebildeten Ersthelfer*innen starben 15% im weiteren Verlauf (53). Dies deutet darauf hin, dass bei schweren betrieblichen Unfällen die Überlebensrate ebenfalls gesteigert werden könnte, sollten sich qualifizierte Ersthelfer*innen um Verletze kümmern. Limitierend für die Verwertbarkeit der Studie sind die womöglich längeren Hilfsfristen im Irak und längere Rettungswege zur Unfallstelle und zum Krankenhaus. Als Fazit konstatieren die Forscher: "Where the prevalence of severe trauma is high, trauma first-responders should be an integral element of the trauma system" (54). Dies könnte für die gezielte Anpassung der EH Ausbildung von Mitarbeiter*innen in Betrieben mit hoher Unfallhäufigkeit sprechen.

Die Ausbildung in Erster Hilfe führt laut einer australischen Studie von Lingard aus 2002 zu einer erhöhten Motivation, Gebote der Arbeitssicherheit zu beachten und Gesundheitsvorsorge am Arbeitsplatz vorzunehmen. Konstruktionsarbeiter wurden vor und nach der Ausbildung in EH befragt und in der Praxis beobachtet. Als Resultat hatte die Ausbildung einen positiven und präventiven Effekt bezüglich der Unfallvermeidung. Die Ausbildung führte zu einem besserem Risikoverhalten bei der Arbeit. Die Autorin sieht einen Nutzen in der Ausbildung von allen Arbeitern anstatt nur einem üblichen Teil (55). Die Ausbildung in EH hat so einen zusätzlichen positiven Effekt neben der traditionellen Ansicht, die eine Behandlung von Verletzungen und akuten Erkrankungen in den Vordergrund stellt.

4.2 Ergebnisse aus dem deutschsprachigen Raum

In Deutschland wurden einige Studien durchgeführt, die Kenntnisse von Ersthelfern zur Herz-Lungen-Wiederbelebung (HLW) untersuchten. Betriebliche Ersthelfer*innen können allerdings mit vielgestaltigen Notfällen konfrontiert werden, bei denen sich die Handlungsstrategien von der HLW unterscheiden. Es kann sich beispielsweise um das Anlegen von Verbänden, die Behandlung von Brandverletzungen oder Stromeinwirkung auf den Körper handeln. Zu Fähigkeit und Kenntnis von Ersthelfern zu diesen berufsspezifischen Verletzungen liegen vergleichsweise weniger Daten vor.

Im Jahr 2007 untersuchten Burghofer et al. anhand der Dokumentation von 431 Rettungseinsätzen die Maßnahmen der Ersthelfer*innen am Unfallort. Rettungsmittel war jeweils der in München stationierte Rettungshubschrauber „Christoph 1". Es wurde dokumentiert, ob Ersthelfer vor Ort waren, in welchem Maße sie qualifiziert gewesen sind und welche Maßnahmen sie durchführten. Die Studie ergab, dass die Reanimation, die richtige Lagerung und das Anlegen von Verbänden oft nicht zielführend durchgeführt wurden. Die Autoren schlussfolgern: „Zwar stieg mit zunehmender Qualifikation der Ersthelfer auch der Anteil richtig und suffizient durchgeführter Maßnahmen, allerdings betrug dieser Anteil selbst nach absolviertem Erste-Hilfe-Kurs nur 62,5%" (56).

Mauritz et al. veröffentlichten 2003 eine Studie aus dem Raum Wien. Hier wurden die Effektivität von Maßnahmen durch Ersthelfer nach Unfallereignissen gemessen. 2812 Unfälle wurden untersucht, bei 57 % wurden Ersthelfende mit oder ohne Ausbildung in EH tätig.

Die große Mehrzahl der Ersthelfenden hatte keine oder nur eine EH Ausbildung für den Führerschein. Die Autoren urteilen aus den Daten: „We found a clear relationship between the level of first aid training and the quality of first aid measures provided" (57). Die Steigerung der Qualität von Ersthelfermaßnahmen, ließe sich durch ein hohes Maß an Ausbildung steigern.

ADAC und DRK führten 2012 eine face-to-face Umfrage bei Autofahrern in 14 europäischen Ländern, inklusive Deutschland durch. Die Zahl der Befragten in Deutschland wurde mit ca. 200 angegeben. 72,6 % der Autofahrer trauten sich zu, im Notfall EH zu leisten. 13,2 % trauten sich die dies nicht zu, während 14,2 % „Ich weiß nicht" angaben. Im Folgenden wurde nach der Rettungskette gefragt.

Eigenschutz beachten – Absichern der Unfallstelle – Lebensrettende Sofortmaßnahmen – Notruf

32,5 % der deutschen Teilnehmer konnten die richtigen Schritte angeben. Über die korrekte Behandlung einer stark blutenden Wund am Arm: *Betroffenen auf den Rücken legen – Druck ausüben oder Druckverband anlegen* hatten 30,5% der deutschen Teilnehmer*innen Kenntnis. Bei 40% der Teilnehmer*innen war der letzte EH-Kurs über 10 Jahre her (58).

4.3 Exkurs: Die Herz-Lungen-Wiederbelebung

Einen großen Teil der EH-Kurse machen Übungen in Herz-Lungen-Wiederbelebung (HLW) aus. Aus Studien zur Effektivität der HLW durch ausgebildete Ersthelfer in der Bevölkerung könnten sich Anhaltspunkte für das Erlangen nachhaltiger Kompetenzen durch EH-Kurse ableiten lassen, da die HLW in die Ausbildung zur betrieblichen Ersthelfer*in eingebettet ist. So könnte ein Fokus auf korrekte Inhaltsvermittlung und die didaktischen Fähigkeiten der Ausbilder*innen auch gegenüber betriebsspezifischen Inhalten dazu führen, dass die Teilnehmer*innen einen insgesamt höheren Grad an Kompetenz in EH erreichen.

Die Komplexität der HLW ist im Vergleich zu anderen im EH-Kurs gelehrten Maßnahmen hoch. Hier wird das Erkennen eines Herz-Kreislauf-Stillstands (HKS) vorausgesetzt, während etwa Verbrennungen oder sonstige, z.B. offensichtlich blutende Verletzungen durch den Ersthelfer leichter wahrzunehmen und, bei klarem Bewusstsein der Betroffenen, einzuordnen sind.

Erschwert werden kann das Erkennen des Herz-Kreislauf-Stillstands durch das Vorhandensein von agonaler Atmung. Diese Schnappatmung kommt laut Rea (2005) in ca. 40% der Fälle der außerklinischen HKS vor (59). Die Schritte zum Erkennen des Herz-Kreislauf-Stillstands sind: Anschauen, Ansprechen, Anfassen - Laut Hilfe rufen - ggf. Betroffene in Rückenlage bringen - Atemkontrolle durch Überstrecken des Kopfes und ca. 10-sekündige Atemkontrolle durch Hören, Fühlen, Sehen - Notruf absetzen. Die Schritte der HLW sind weiterhin: Entkleiden des Oberkörpers der Person - Herzdruckmassage (5-6 cm tief, Druckpunkt Mitte Thorax) mit ggf. Mund zu Mund/

Nase Beatmung im Verhältnis 30:2 - ggf. zusätzlicher Einsatz eines Automatischen Externen Defibrillators (AED) durch weitere Helfer*innen (60).

Fischer hat 2018 in der Studie zu Kenntnissen und Fertigkeiten der Erste-Hilfe-Leistung in der Bevölkerung, 100 Personen auf die korrekten Schritte der HLW und der stabilen Seitenlage (im Falle von Bewusstlosigkeit mit normaler Atmung) geprüft. Dies geschah durch einen praktischen Versuchsaufbau mithilfe zweier Fallbeispiele einer bewusstlosen Person. „Bei der Auswertung der Ergebnisse lässt sich feststellen, dass keiner der insgesamt 100 Probanden im Rahmen der Fallbeispiele, hinsichtlich der Reihenfolge und Vollständigkeit der seitens des ERC empfohlenen Maßnahmen, leitlinienkonform handelte" (61). Zur Unterstützung der Beantwortung der Forschungsfrage dieser Arbeit kann Fischers Subgruppenanalyse herangezogen werden. 33 Personen hatten nach eigenen Angaben innerhalb der letzten 0-2 Jahre einen EH-Kurs besucht. Bei 38 Personen war der Kurs 3-10 Jahre her. 28 Personen gaben einen Zeitraum von über 10 Jahren an. Eine Person nahm noch nie an einem EH-Kurs Teil (62). Fischer konstatiert: „Einzig in der Kategorie Zeitpunkt letzter Erste-Hilfe-Kurs wurde festgestellt, dass Probanden deren letzter Erste-Hilfe-Kurs 0-2 Jahre zurückliegt im arithmetischen Mittel die besten Ergebnisse erzielen" (63).

In Berlin wurde 2011 mit dem Hintergrund fehlender Studien aus dem deutschsprachigen Raum, die Qualität der Ausbildung in HLW untersucht. Breckwoldt et al. betrachteten in dieser Studie neben den Inhalten besonders das Lehrverhalten der Ausbilder. In der Studie heißt es: „Dass effektives Lernen vom Verhalten des Ausbilders beeinflusst wird, ist von der Ausbildungsforschung gut belegt" (64). Die Kriterien für Unterrichtsqualität seien u.a. eine gut vorbereitete Unterrichtsumgebung, eine deutliche und korrekte Vermittlung von Inhalten, ein Bezug auf Vorwissen und ein, das Lernen unterstützendes Unterrichtsklima (65).

Die Forscher ermittelten die Unterrichtsqualität von 20 EH-Kursen, durch standardisierte Checklisten und anonyme Lehrgangsbesuche. Sie schlussfolgern, dass die Unterrichtsqualität verbesserungsbedürftig sei.

> „Für die Vermittlung von Wissen fanden sich Mängel bei der Korrektheit der Inhalte. Bei den praktischen Fertigkeiten wurden die einzelnen BLS-Elemente mit zufriedenstellender Qualität vermittelt, allerdings bestanden erhebliche Mängel hinsichtlich des Realitätsbezugs der Übungen. Die größten Defizite bestanden

aber bei der Vermittlung von Haltungen, wobei insbesondere die Angst vor Fehlern nicht ausreichend reduziert wurde" (66).

Yeung et al. publizierten 2020 ihre Erkenntnisse zu „Spaced learning vs. massed learning in rescuscitation". Die Methode des Spaced Learning ist ein wiederholtes Lernen, mit mehreren zeitlichen Intervallen zwischen den Übungen. Dies könne eine festigende Erinnerungsbildung begünstigen (67). Ihr systematic review ergibt: „[…] that spaced learning can improve skill performance at 1 year post course conclusion and skill performance between course conclusion and 1 year" (68). An dieser Stelle wird das Originalzitat verwendet, da der Begriff skill performance kein direktes deutsche Äquivalent besitzt. Der Autor geht von einem, auf Fähigkeiten basierenden Leistungsnachweis aus. Durch fehlende Evidenz, in Bezug auf einen Zeitabstand von über einem Jahr zum Kurs, schätzen die Forscher ihre Aussage als limitiert ein (69).

5 Spezielle Methodik

5.1 Untersuchungsdesign

Gegenstand der Untersuchung war der Ausbildungs- und Wissensstand der Teilnehmer*innen von EH-Kursen im Zusammenhang mit betrieblichen Erfordernissen. Zusätzlich wurde eine Einschätzung zu den Eigenschaften der Kurse erfragt. Vom 1. Juni bis zum 31. August 2021 wurde den Teilnehmer*innen von 12 EH-Kursen in Duisburg (NRW) vor Beginn des Kurses ein 3-seitiger Fragebogen vorgelegt. Dieser bestand aus 2 Teilen (A+B). Teil A bestand aus 9 Fragen zur Einschätzung im Hinblick auf die Effektivität der EH Ausbildung für individuelle betriebliche Erfordernisse. Zusätzliche Fragen sollten Subgruppen identifizieren. So wurde nach dem gesonderten Zeitraum gefragt, wie lange der letzte EH-Kurs her ist. Ebenso wurde erhoben, ob die Teilnehmer*innen schon einmal Erste Hilfe im Betrieb geleistet haben. Teil B war ein Multiple Choice Test, dessen Fragen und Antwortmöglichkeiten von Lehrinhalten und wichtigen Prinzipien der EH im Betrieb abgeleitet wurden.

Nach der freiwilligen Bearbeitung der Fragebögen wurden diese von den Teilnehmer*innen mehrfach gefaltet und in eine Wahlurne eingeworfen. Die Daten wurden digital eingepflegt und per Excel Tabelle ausgewertet. Als Werkzeug zur Auswertung des Multiple Choice Tests wird ein eigenes Bewertungssystem verwendet. Dieses besteht aus 4 Bewertungsstufen.

5.1.1 Teil A: Der Fragebogen

Am Anfang des Fragebogens erfolgte der Hinweis, dass die Auswertung anonym erfolgt und keine privaten Daten erhoben werden. Das Ankreuzen von Kästchen, ohne längere handschriftliche Äußerungen, sollte ebenfalls zu einem erhöhten „Sicherheitsgefühl" führen und verhindern, dass aus Sorge vor „Entblößung" besonders gefällig beantwortet wird. Dieses Vorgehen wurde auch angewandt, um durch die Simplizität des Ankreuzens eine möglichst hohe Rücklaufquote zu erzielen. Im Folgenden werden die Items F (für Frage), vor dem Teil A und der fortlaufenden Nummerierung der Fragen abgekürzt (FA1 – FA9) (Fragebogen siehe Anhang 1).

FA1 erfasste die Art des Betriebs in dem die Teilnehmer*innen arbeiten. 3 definierte Antwortmöglichkeiten deckten die häufigsten Betriebsarten ab. Für Teilnehmer*innen, die sich keiner der drei häufigsten Betriebsarten zuordnen konnten, gab es eine Zeile "Sonstiger Betrieb", in der sie ihren Betrieb eintragen konnten.

FA2 identifizierte bereits ausgebildete betriebliche Ersthelfer*innen, ein „Nein" führt zum Ausschluss.

FA3 erhob die Zeit, die zwischen dem letzten und dem derzeitigen (Jun/Aug 2021) EH-Kurs vergangen war, in Jahren. Es gab 4 Antwortmöglichkeiten (0-2; 2-5; 5-10; >10).

FA4 ermittelte die möglichen Unfallsituationen im eigenen Betrieb, nach Einschätzung der jeweiligen Teilnehmer*innen. Acht Antwortmöglichkeiten standen zur Auswahl.

FA5; FA7 – FA9 eruierte die persönliche Sicht der Teilnehmer*innen auf EH-Kurse und deren Einschätzung zu deren Effektivität. 4-5 Antwortmöglichkeiten pro Frage sollten eine differenzierte Auswertung ermöglichen.

FA6 erhob als Zwischenfrage, wie viele der Befragten schon einmal EH im Betrieb geleistet hatten.

5.1.2 Der Multiple Choice Test

Der Test beinhaltete 5 Fragen. Die Teilnehmer*innen wurden am Anfang mündlich und schriftlich darauf hingewiesen, dass mehrere Antworten pro Frage möglich sind.

Die Schwierigkeit stieg graduell an. Die Anzahl der Antwortmöglichkeiten differierte, damit kein systematisches Ankreuzen erfolgen konnte. Jede Reihe an Antwortmöglichkeiten erhielt in der Auswertung 4 mögliche Bewertungen: „Anforderung erfüllt", „Anforderung hinreichend erfüllt", „Anforderung unzureichend erfüllt" und „Anforderung nicht erfüllt". Dies wurde so gehandhabt, um die Forschungsfrage, ob Aus- und Fortbildungsmaßnahmen den Anforderungen der Betriebe gerecht werden, beantworten zu können. Ersthelfer*innen können auf sehr individuelle Unfallszenarien treffen. Daher kann EH nicht immer genau nach Lehrbuch geleistet werden. Deshalb ist, um zu prüfen, ob die Teilnehmer*innen wichtige Prinzipien der EH befolgen würden, wichtig, die Antworten der Teilnehmer*innen nach Prinzipien einzuordnen. So können die Anforderungen der Betriebe, akute Gesundheits- und Lebensgefahr abzuwenden, erfüllt werden. Frage FB1 lautet beispielsweise:

Dem Auszubildenden ist ätzender Toilettenreiniger über die Hand gelaufen. Er klagt über Schmerzen. Wie handeln Sie?

FB1a: Substanz trocken abwischen FB1b: Substanz mit Wasser abspülen FB1c: leichtes Schmerzmittel geben

FB1 hat als Einstiegsfrage 3 Antwortmöglichkeiten. Die Antworten werden mit FB1(a-c) gekennzeichnet. Antwort FB1b wird mit „Anforderung erfüllt" bewertet, die Maßnahme entspricht dem Lehrinhalt von EH-Kursen. FB1a wird mit „Anforderung unzureichend erfüllt" bewertet, da dem Prinzip der Substanzentfernung Folge geleistet wurde, aber mit unzureichenden Mitteln. FB3c wird mit „Anforderung nicht erfüllt" gewertet. Die Medikamentengabe widerspricht der betrieblichen EH grundsätzlich. Die Antwortkombination von FB1a; FB1b wird mit „Anforderung hinreichend erfüllt" gewertet; das Behandlungsziel wurde letztlich erreicht.

5.2 Teilnehmer*innen der Befragung und Durchführung

An insgesamt 12 EH-Kursen teilgenommen haben 138 Personen ab 18 Jahren aus dem Einzugsgebiet von Duisburg, dem westlichen Ruhrgebiet. Um Anonymität zu gewährleisten wurde nicht nach Geschlecht oder Alter gefragt. In einigen Kursen sind Geschlechter- und Altersverteilung ungleich. So kann es sein, dass in einigen Kursen nur ein männlicher oder weiblicher Teilnehmer anwesend ist. In folgendem Kapitel 6 werden die Teilnehmer*innen zur besseren Übersicht mit TN abgekürzt.

10 Teilnehmer haben die Befragung abgelehnt, 11 Teilnehmer wurden durch die vorherige mündliche Äußerung, noch nie an einem EH-Kurs teilgenommen zu haben, ausgeschlossen.

117 Fragebögen wurden abgegeben, wovon 33 durch Ausschlusskriterien (s. Kapitel 6.1) exkludiert wurden. In zweiter Prüfung wurden 3 weitere Fragebögen nachträglich ausgeschlossen.

Datum	TN EH-Kurs	Rücklauf Fragebogen
08.06.2021	11	9
10.06.2021	13	13
15.06.2021	9	8
21.06.2021	9	7
29.06.2021	8	8
30.06.2021	12	10
05.08.2021	12	11
09.08.2021	14	11
11.08.2021	13	10
18.08.2021	10	10
24.08.2021	15	12
25.08.2021	12	8
Gesamt	138	117

Inkludiert	Exkludiert
81	36

Tab. 1: Durchführung der Befragung

6 Ergebnisse der Untersuchung

6.1 Ergebnisse des Fragebogens (Teil A)

Frage FA1 unterteilt die TN nach Art des Betriebes, in dem sie tätig sind. Von insgesamt 81 TN sind 41 TN (50,62%) aus Dienstleistungsbetrieben, 22 TN (27,16%) aus Warenhandel- oder Auslieferungsbetrieben, 11 TN (13,58%) aus sonstigen Betrieben und 7 TN (8,64%) aus der Industrie. 3 TN machten bei Sonstigem Betrieb handschriftliche Angaben: Schule, Erzieherin, Entwicklung.

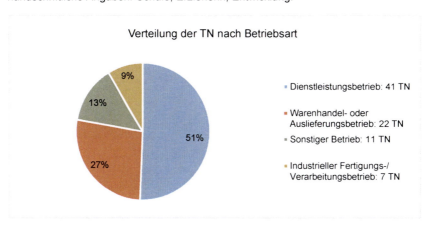

Abb. 1: Verteilung nach Betriebsart in 4 Kategorien; Angaben in Anzahl der Teilnehmer und Prozent der Gesamt-TN

Frage FA2 fragt nach einer vorangegangenen Ausbildung zur betrieblichen Ersthelfer*in. Von 117 TN wurden 21 TN (17,95%) durch ein „Nein" ausgeschlossen. 6 TN (5,13%) gaben „Unsicher" und in FA3 einen geschätzten Zeitraum vor 2015 an (5-10; >10 Jahre). Die Kombination von FA2 „unsicher" und FA3 (5-10; >10) Jahre, führt zum Ausschluss, da man vor 2015 Führerscheinanwärter*innen und betriebliche Ersthelfer*innen unterschiedlich geschult hatte. Daher ist bei „unsicher" unklar, welches Kursformat vom TN zur damaligen Zeit besucht wurde. Weitere 9 TN (7,69%) wurden durch unzureichende Beantwortung des Fragebogens ausgeschlossen. Unzureichend sind mehrfaches Nichtbeantworten von Teilen des Fragebogens oder des Tests.

Frage FA3 teilt die TN nach dem Zeitraum ein, vor dem der letzte EH-Kurs stattfand. Bei 34 TN (41,98%) ist der EH-Kurs 0-2 Jahre her, 37 TN (45,68%) gaben einen Zeitabstand von 2-5 Jahren an. Jeweils 5 TN (6,17%) schätzten den Zeitabstand zum letzten EH-Kurs mit etwa 5-10 Jahren oder über 10 Jahre ein.

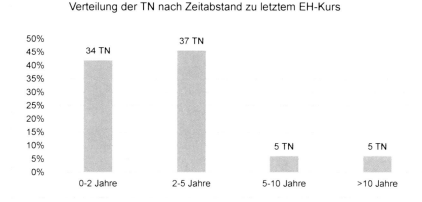

Abb. 2: Verteilung nach Zeitabstand (in Jahren) zum letzten EH-Kurs; Erfassung in Anzahl der TN und dargestelltem, prozentualen Anteil

Frage FA4 sammelt betriebsspezifische Notfallsituationen, die der Einschätzung der TN nach, im Betrieb auftreten können. 61 TN (75,31%) gaben Brand, Verbrennungen an. 51 TN (62,96%) Einklemmen oder Abtrennung von Körperteilen. 44 TN (54,32%) schätzten Augenverletzungen als möglich ein. 42 TN (51,85%) kreuzten Stromunfälle an. Stumpfe Gewalteinwirkung durch Bauteile, Maschinen gaben 41 TN (50,62%) an. Verätzung, Vergiftung und Thermische Notfälle (Hitzekollaps, Unterkühlung) hielten jeweils 37 TN (45,12%) für möglich. 25 TN (30,86%) gaben Stofffreisetzung und Gasinhalation an.

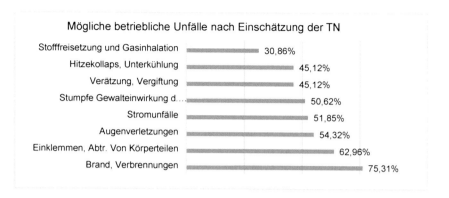

Abb. 3: Verteilung nach möglichen betrieblichen nfällen. Darstellung nach Anzahl TN und Angaben in Prozent.

Frage FA5 deckt auf, in welchem Maße, die in Frage FA4 vorkommenden, speziellen Notfälle im letzten EH-Kurs der TN behandelt wurden. Dies geschieht nach persönlicher Einschätzung der 81 TN. Mögliche Antworten sind: „Spezielle Notfälle wurden aus Ihrer persönlichen Sicht FA5a: gar nicht FA5b: unzureichend FA5c: ausreichend FA5d: umfangreich im Kurs behandelt.

52 TN (64,2%) empfanden die Behandlung der speziellen Notfälle als ausreichend. 16 TN (19,75%) gaben an, die Themen seien umfangreich behandelt worden. 2 TN (2,47%) schätzten die Lehrinhalte zu speziellen Notfällen als unzureichend ein, während 7 TN (8,64%) gar keine Thematisierung der betriebsspezifischen Notfälle erinnern. 4 TN (4,94%) ließen die Frage aus.

Einschätzung der TN zur Behandlung spezieller Betriebsnotfälle im letzten EH-Kurs

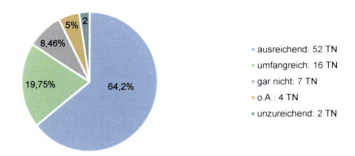

- ausreichend: 52 TN
- umfangreich: 16 TN
- gar nicht: 7 TN
- o.A.: 4 TN
- unzureichend: 2 TN

Abb. 4: Verteilung der TN nach Einschätzung zur Behandlung von betriebsspezifischen Notfällen im letzten EH-Kurs nach Teilnehmeranzahl, Angaben in %

Frage FA6 eruiert, wie viele TN schon einmal EH im Betrieb geleistet haben. Die Antwortmöglichkeiten sind FA6a: ja oder FA6b: nein. 43 TN (53,09%) gaben an, im Betrieb schon EH geleistet zu haben. 38 TN (46,91%) gaben an, dies nicht getan zu haben. Frage FA7 erfasst, wie gut sich die TN individuell vorbereitet fühlen, um qualifiziert EH leisten zu können. Mögliche Antworten sind: Ich fühle mich FA7a: sehr schlecht Fa7b: schlecht FA7c: mittelmäßig FA7d: gut FA7e: sehr gut vorbereitet. 40 TN (49,38%) fühlen sich mittelmäßig vorbereitet. 34 TN (41,98%) fühlen sich gut vorbereitet. Jeweils 3 TN (3,7%) fühlen sich schlecht oder sehr gut vorbereitet. 1 TN (1,23%) ließ die Frage aus. Kein TN (0%) fühlt sich sehr schlecht vorbereitet.

Abb. 5: Verteilung der TN nach Einschätzung der Vorbereitung auf Notfälle im Betrieb. Grafische Darstellung nach Anzahl TN und Angaben in %.

Frage FA8 ermittelt die Einschätzung der TN zum Zeitabstand der EH-Kurse von 2 Jahren in Bezug auf ihre Handlungssicherheit im Notfall. Mögliche Antworten sind: Der Zeitabstand ist meiner Meinung nach FA8a: zu kurz FA8b: eher zu kurz FA8c: angemessen FA8d: eher zu lang FA8e: zu lang.

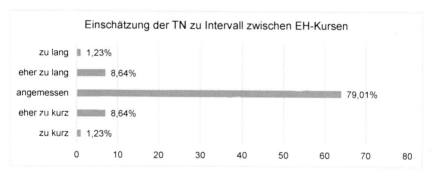

Abb. 6: Verteilung nach Einschätzung der TN zu 2 Jahresabstand der EH-Kurse. Grafische Darstellung nach Anzahl der TN und Angaben in %

64 TN (79,01%) schätzen den Zeitabstand als angemessen ein. Jeweils 7 TN (8,64%) schätzen den Zeitabstand als eher zu kurz oder eher zu lang ein. Jeweils 1 TN (1,23%) schätzen den zeitlichen Abstand als zu kurz oder zu lang ein. 1 TN (1,23%) ließ die Frage aus.

Frage FA9 zielt auf die persönliche Einschätzung der Teilnehmer in Bezug auf die Qualität des letzten EH-Kurses ab. Anzukreuzende Antworten sind vorgegeben: Die Qualität der Ausbildung war Ihrer Meinung nach FA9a: sehr gering FA9b: gering FA9c: neutral FA9d: hoch FA9e: sehr hoch.

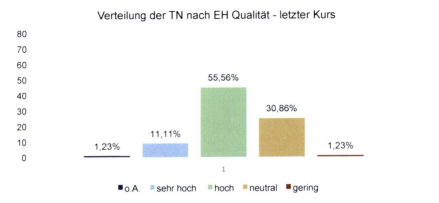

Abb. 7: Verteilung nach Einschätzung der TN zur Qualität ihres letzten EH-Kurses. Grafische Darstellung nach Anzahl TN, Angaben in Prozent.

45 TN (55,56%) bescheinigen der letzten Ausbildung eine hohe Qualität. 25 TN (30,86%) schätzen die Qualität als neutral ein. 9 TN (11,11%) schätzen die Ausbildungsqualität als sehr hoch ein. 1 TN (1,23%) stuft die Qualität als gering ein: 1 TN (1,23%) ließ die Antwort aus.

6.2 Ergebnisse des Multiple Choice Tests (Teil B)

Frage FB1 fragt nach der Vorgehensweise bei Verätzungen der Hand. Es folgen 3 Antwortmöglichkeiten: FB1a: Substanz trocken abwischen FB1b: Substanz mit Wasser abspülen FB1c: leichtes Schmerzmittel geben. 58 TN (71,6%) haben allein FB1b gewählt. 10 TN (12,35%) haben allein FB1a angekreuzt. 1 TN (1,23%) hat FB1a; FB1b gewählt. 7 TN (8,64%) kreuzten FB1b; FB1c an. 1 TN (1,23%) hat FB1a; Fb1c angekreuzt. 4 TN (4,94%) kreuzen nichts an.

Frage FB2 fragt nach Maßnahmen bei penetrierender Verletzung durch einen Metallsplitter am Auge. Die 4 Antwortmöglichkeiten sind FB2a: 112 anrufen FB2b: Augenspülflasche anwenden FB2c: Splitter entfernen FB2d: nur das verletzte Auge verbinden. 35 TN (43,21%) haben allein FB2a angekreuzt. 21 TN (25,93%) haben FB2a; FB2d gewählt. 16 TN (19,75%) haben FB2a; FB2b angekreuzt. Jeweils 2 TN (2,47%) haben allein FB2b oder FB2d gewählt. Jeweils 1 TN (1,23%) hat FB2b; FB2d / FB2a; FB2b; FB2d / FB2a; FB2b; Fb2c / FB2a; FB2c gewählt. 1 TN (1,23%) hat nichts angekreuzt.

Frage FB3 prüft die richtige Vorgehensweise bei größeren Verbrennungen. Die 5 Antwortmöglichkeiten sind FB3a: Mit Wasser kühlen FB3b: Brandsalbe benutzen FB3c: Person wärmen FB3d: Wunde abdecken FB3e: Brandblasen öffnen. 19 TN (23,46%) haben allein FB3d angekreuzt. 17 TN (20,99%) haben FB3a; FB3d gewählt. 7 TN (8,64%) haben FB3b; FB3d angekreuzt. Jeweils 5 TN (8,64%) haben FB3b oder FB3a; FB3b ausgewählt. 4 TN (4,94%) haben FB3c; FB3d angekreuzt. 3 TN (3,7%) wählten FB3a; FB3c; FB3d. Jeweils 2 TN (2,47%) wählten FB3a; FB3b; FB3d oder kreuzten nichts an. Jeweils 1 TN (1,23%) kreuzte FB3a; FB3e / FB3b; FB3c / FB3a; FB3c an.

Frage FB4 fragt nach dem Vorgehen nach Stromschlag bei der Arbeit durch Haushaltsstrom. Mögliche 3 Antworten, wann eine Notaufnahme aufgesucht werden sollte, sind: FB4a: Nur wenn Beschwerden auftreten FB4b: wenn der Schlag länger als 2 Sek. andauerte FB3c: nach dem Ereignis. 55 TN (67,9%) kreuzen FB4c an. 13 TN (16,05%) wählten FB4a aus. FB3b wurde von 9 TN (11,11%) ausgewählt. 4 TN (4,94%) kreuzten nichts an.

Frage FB5 zielt auf geeignete Maßnahmen bei Fraktur des Unterarms ab. Mögliche 4 Antworten sind FB5a: Arm vorsichtig gerade ziehen FB5b: Mit Kühlbeutel kühlen FB5c: fest verbinden FB5d: Arm tief und bequem lagern. 32 TN (39,51%) haben FB5b; FB5d gewählt. 20 TN (24,69%) haben FB5d gewählt. 10 TN (12,35%) haben FB5b gewählt. 8 TN (9,88%) haben FB5b; FB5c gewählt. 3 TN (3,7%) haben FB5c; FB5d angekreuzt. Jeweils 2 TN (2,47%) haben FB5c angekreuzt oder die Frage nicht beantwortet. Jeweils 1 TN (1,23%) hat FB5b; FB5c; FB5d / FB5a / FB5a; FB5c / FB5a; FB5c; FB5d angekreuzt.

6.3 Auswertung des Multiple Choice Tests

6.3.1 Allgemeine Auswertung

Die Antworten zu den Fragen FB1 – FB5 (s.a. Kapitel 5.3) sind so konzipiert, dass sie allein oder in Kombination (Multiple Choice) mit „Anforderung erfüllt", „Anforderung hinreichend erfüllt", „Anforderung unzureichend erfüllt" oder „Anforderungen nicht erfüllt" bewertet werden können. Am Beispiel von FB1 kann dies deutlich gemacht werden:

FB1: Dem Auszubildenden ist ätzender Toilettenreiniger über die Hand gelaufen. Er klagt über Schmerzen. Wie handeln Sie? FB1a: Substanz trocken abwischen FB1b: Substanz mit Wasser abspülen FB1c: leichtes Schmerzmittel geben

Zur Auswertung wird FB1b mit „Anforderung erfüllt" bewertet. Das Abspülen der Substanz mit Wasser entspricht den Ausbildungsinhalten. FB1a wird mit „Anforderung unzureichend erfüllt" bewertet. Die Maßnahme der Entfernung des Stoffes von der Haut ist als Prinzip der EH richtig, die Methode unzureichend. FB1c wird mit „Anforderung nicht erfüllt" bewertet. Hier wird das Prinzip der EH, keine Medikamentengabe durchzuführen, missachtet. FB1a;FB1b wird mit „Anforderung hinreichend erfüllt" bewertet. In Kombination ist das Entfernen der Substanz zielführend, entspricht aber nicht den genauen Lehrinhalten. FB1a;FB1c wird als „Anforderung nicht erfüllt" gewertet, Medikamentengabe ist auch in Kombination falsch. Keine Angabe wird als „Anforderung nicht erfüllt" gewertet, denn nichts zu tun widerspricht den Grundsätzen von EH.

Eine Punktevergabe zur Analyse der Ergebnisse erfolgt mittels eines 4-stufigen Systems:

Anforderungen erfüllt	Anforderungen hinreichend erfüllt	Anforderungen unzureichend erfüllt	Anforderungen nicht erfüllt
3 Punkte	2 Punkte	1 Punkt	0 Punkte.

Tab. 2 Bewertungsschema Teil B

Auswertung FB1: Verätzung

■ erfüllt ■ hinreichend erfüllt ■ unzureichend erfüllt ■ nicht erfüllt

Abb. 8: Grafische Auswertung FB1

58 TN (71,6%) haben mit ihrer Antwort zu Frage FB1 die Anforderung erfüllt. 1 TN (1,23%) hat die Anforderung hinreichend erfüllt. 10 TN (12,35%) haben die

Anforderung unzureichend erfüllt. 12 TN (14,18%) haben die Anforderung nicht erfüllt. In der Teilwertung aller TN führt dies zu einem Punkteschnitt von 2,3.

FB2: Ein Mitarbeiter hat sich am Auge verletzt. Ein Metallsplitter steckt seitlich im Auge. Was sollten Sie tun, um zu helfen? FB2a: 112 anrufen FB2b: Augenspülflasche anwenden FB2c: Splitter entfernen FB2d: nur das verletzte Auge verbinden

Zur Auswertung von FB2 wird FB2a mit „Anforderung erfüllt" bewertet. Bei penetrierenden Augenverletzungen soll der Rettungsdienst alarmiert werden. FB2a;FB2d wird mit „Anforderung hinreichend erfüllt" bewertet. Der genaue Lehrinhalt, beide Augen zu verbinden, ist durch die Antwort nicht wiedergegeben. FB2a;FB2b wird mit „Anforderungen unzureichend erfüllt" bewertet. Das Spülen gilt nur für Fremdstoffe, die sich leicht aus dem Auge entfernen lassen. Kombinationen oder isolierte Antworten mit FB2c gelten als „Anforderung nicht erfüllt", weil ein Grundsatz der EH verletzt ist.

Abb. 9: Grafische Auswertung FB2

35 TN (43,21%) haben die Anforderung erfüllt. 21 TN (25,93%) haben die Anforderung hinreichend erfüllt. 22 TN (27,16%) haben die Anforderung unzureichend erfüllt. 3 TN (3,7%) haben die Anforderung nicht erfüllt. Der Punktedurchschnitt ist 2,09 Punkte.

FB3: Eine Arbeitskollegin hat sich eine größere Verbrennung am Oberschenkel zugezogen. Welche der folgenden Maßnahmen würden Sie ergreifen?
FB3a: Mit Wasser kühlen FB3b: Brandsalbe benutzen FB3c: Person wärmen FB3d: Wunde abdecken FB3e: Brandblasen öffnen

Zur Auswertung von FB3 werden FB3c;FB3d und FB3a; FB3c; FB3d mit „Anforderung erfüllt" bewertet. Das sterile Abdecken der Wunde entspricht den Lehrinhalten. Wärmeerhalt folgt. Initial gekühlt werden sollte nur, wenn im Laufe der EH

Wärmeerhalt durchgeführt wird. Als „Anforderung hinreichend erfüllt" gilt FB3d, ein wichtiges Teilziel der EH, das sterile Abdecken, wird erreicht. „Anforderung unzureichend erfüllt" gilt für alle weiteren Kombinationen.

Auswertung FB3: Verbrennung

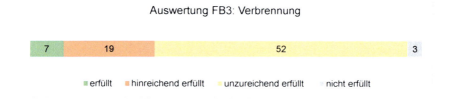

Abb. 10: Grafische Auswertung FB3

7 TN (8,64%) haben die Anforderung erfüllt. 19 TN (23,46)% haben die Anforderung hinreichend erfüllt. 52 TN (64,2%) haben die Anforderung unzureichend erfüllt. 3 TN (3,7%) haben die Anforderung nicht erfüllt. Der Punktedurchschnitt ist 1,37.

FB4: Sie haben bei der Arbeit einen Stromschlag an einer Steckdose erlitten. Nach kurzem Schreck geht es Ihnen wieder gut. Wann sollten Sie eine Notaufnahme aufsuchen?

FB4a: Nur wenn Beschwerden auftreten FB4b: wenn der Schlag länger als 2 Sek. andauerte FB4c: nach dem Ereignis

Zur Auswertung von FB4 wird die Antwort FB4c als „Anforderung erfüllt" eingestuft. Betriebliche Stromunfälle sollen durch ein EKG und weitere Untersuchungen abgeklärt werden, da es nach einem Stromunfall zu Herzrhythmusstörungen kommen kann. FB4a wird als „Anforderung unzureichend erfüllt" gewertet, mit Beschwerden sollte der Stromunfall in jedem Fall medizinisch abgeklärt werden - im betrieblichen Bereich immer. FB4b bedeutet „Anforderung nicht erfüllt", ein kurzer Schlag bei 220 V und 50 Hz (europäische Wechselstromfrequenz) reicht aus, um zu schaden.

Abb. 11: Grafische Auswertung FB4

55 TN (67,9%) haben die Anforderung erfüllt. Jeweils 13 TN (16,05%) haben die Anforderung unzureichend oder nicht erfüllt. Der Punktedurchschnitt ist 2,36.

FB5: Ein schweres Maschinenbauteil ist Ihrer Arbeitskollegin auf den Unterarm gefallen. Der Unterarm hat einen deutlichen Knick und die Hand läuft blau an. Wie gehen Sie vor?

FB5a: Arm vorsichtig gerade ziehen FB5b: Mit Kühlbeutel kühlen FB5c: fest verbinden FB5d: Arm tief und bequem lagern

Zur Auswertung von FB5 wird FB5b; FB5d mit „Anforderung erfüllt" bewertet. Kühlen und den Arm bequem in Schonhaltung zu lagern, ist angezeigt. FB5b oder FB5d allein werden mit „Anforderung hinreichend erfüllt" bewertet. Unzureichend ist FB5c. Bei blau angelaufener Hand kann zusätzlicher Druck schaden. FB5a wird mit „Anforderung nicht erfüllt" gewertet. Das Richten von Frakturen ist eine ärztliche Tätigkeit.

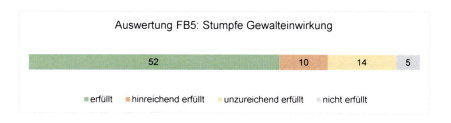

Abb. 12: Grafische Auswertung FB5

52 TN (64,2%) haben die Anforderung erfüllt. 10 TN (12,35%) haben die Anforderung hinreichend erfüllt. 14 TN (17,28%) haben die Anforderung unzureichend erfüllt. 5 TN (6,17%) haben die Anforderung nicht erfüllt. Der Punktedurchschnitt beträgt 2,35.

6.3.2 Individuelle Auswertung

Jeder Multiple Choice Test wird individuell bewertet. Die Bewertung von FB1 bis FB5 wird pro TN zu gleichen Teilen gewichtet und eine Durchschnittsbewertung vergeben. Zur Bewertung gilt pro Frage: Anforderung erfüllt= 3 Punkte, Anforderung hinreichend erfüllt= 2 Punkte, Anforderung unzureichend erfüllt =1 Punkt, Anforderung nicht erfüllt=0 Punkte. Die maximale Punktzahl ist 15, die minimale Punktzahl ist 0.

Die individuelle Endwertung wird aus der Gesamtpunktzahl errechnet:

Anforderungen erfüllt	Anforderungen hinreichend erfüllt	Anforderungen unzureichend erfüllt	Anforderungen nicht erfüllt
12-15 Pkt.	9-11 Pkt.	6-8 Pkt.	0-5 Pkt.

Tab. 3: Gesamt-Bewertungsschema Teil B

Die 81 Tests der TN wurden nach folgendem Schema dargestellt:

TN y (x1 /x2 /x3 /x4 /x5//z).

x(n) sind die Teilpunkte (FB1-FB5), z ist die errechnete Gesamtpunktzahl. y entspricht nicht der fortlaufend nummerierten Anzahl der TN, sondern der Nummerierung der inkludierten Fragebögen (1......84). 3 TN wurden aufgrund fehlender Angaben nachträglich ausgeschlossen.

Hieraus ergibt sich folgende Punkteverteilung:

Punkte	1	2	3	4	5	6	7	8	9	10	11	12	13	14	15
n TN	0	0	0	0	3	4	3	9	17	10	11	8	15	1	0

Tab. 4: Gesamt-Punkteverteilung Multiple Choice Test

Die Auswertung erfolgt nach Bewertungsschema Teil B:

Anforderungen erfüllt	Anforderungen hinreichend erfüllt	Anforderungen unzureichend erfüllt	Anforderungen nicht erfüllt
24 TN	38 TN	16 TN	3 TN

24 TN (29,63%) haben in der Gesamtauswertung die Anforderungen erfüllt. 38 TN (46,91%) haben die Anforderungen hinreichend erfüllt. 16 TN (19,75%) haben die Anforderungen unzureichend erfüllt. 3 TN (3,7%) haben die Anforderungen nicht erfüllt.

6.3.3 Korrelationen zwischen Antworten von Teil A: Fragebogen

FA3 erfasst den Zeitabstand der TN zum letzten EH-Kurs. FA7 fragt, wie Teilnehmer sich vorbereitet fühlen um qualifizierte, EH zu leisten. Die Verteilung der TN auf die beiden Hauptgruppen von FA3 (0-2 Jahre und 2-5 Jahre) ist 34 TN bei 0-2 Jahren zu 37 TN bei 2-5 Jahren. Durch die geringe Divergenz der TN Stärke pro Gruppe sind diese per Säulendiagramm vergleichbar.

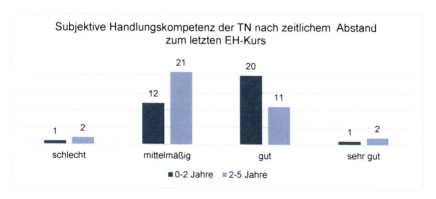

Abb. 13: Verteilung der TN-Subgruppen (0-2;2-5 Jahre) nach eigener Einschätzung der individuellen Vorbereitung, qualifizierte EH zu leisten

FA7 erfasst, wie die TN sich auf EH im Betrieb vorbereitet fühlen, während FA9 die geschätzte Qualität der letzten Ausbildung ermittelt. 3 TN (3,75%), die sich sehr gut vorbereitet fühlten, gaben eher eine hohe Ausbildungsqualität an. 34 TN (42,5%), die eine gute Vorbereitung ankreuzten, schätzen die letzte Ausbildung neutral bis hoch ein. 40 TN (50%), die sich mittelmäßig vorbereitet fühlten, schätzten die letzte

Ausbildung ebenfalls neutral bis hoch ein. 3 TN (3,75%), die sich schlecht vorbereitet fühlten, kamen eher auf eine neutrale Ausbildungsqualität.

6.3.4 Korrelationen der Auswertung des Fragebogens mit Ergebnissen des Multiple Choice Tests

Die TN sollten einschätzen in welchem Maße, spezielle betriebliche Notfälle im letzten EH- Kurs behandelt wurden (FA5). 52 TN haben dies als ausreichend empfunden. Die summierte Punktwertung dieser Subgruppe beträgt 530 Punkte. Im Mittel wurden 10,19 Punkte erreicht.

16 TN, die eine umfangreiche Behandlung von speziellen Notfällen angaben, haben in Summe 165 Punkte erreicht. Im Mittel wurden 10,31 Punkte erreicht. 7 TN, die keine spezielle Behandlung betrieblicher Notfälle angaben, erreichten in Summe 69 Punkte. Dies ergibt im Mittel 9,86 Punkte. 2 TN kreuzten eine unzureichende Behandlung spezieller Notfälle an und erreichen im Mittel 8,5 Punkte.

FA7 erfasst, wie die TN sich vorbereitet fühlen um im Betrieb EH zu leisten. 40 TN kreuzten „mittelmäßig" an. In Summe haben diese 410 Punkte, d.h. im Mittel 10,25 Punkte erreicht. 34 TN fühlen sich „gut" vorbereitet. Im Mittel sind das 9,85 Punkte. 3 TN fühlten sich sehr gut vorbereitet und erreichen 30 Punkte, im Mittel 10. 3 TN fühlen sich schlecht vorbereitet, erzielten 31 Punkte und den Mittelwert von 10,33 Punkten.

FA9 fragt nach der Ausbildungsqualität des letzten EH-Kurses der TN. 45 TN gaben eine hohe Ausbildungsqualität an. In Summe haben diese 451 Punkte, was einem Mittel von 10,02 Punkten entspricht. Eine neutrale Ausbildungsqualität kreuzten 25 TN an. Das Mittel ist 9,84. 9 TN schätzten eine sehr hohe Ausbildungsqualität, erreichten einen Wert von 96 Punkten. Der Mittelwert beträgt 10,67 Punkte.

FA4 fragte nach den speziellen Notfallsituationen, die, nach Einschätzung der TN, im eigenen Betrieb vorkommen können. Bei der Kombination aus im individuellen Betrieb erwarteter Notfallsituation und dazugehöriger Frage in Teil B (FA4a/ FB3) haben 4 TN (6,56%) aus der Gruppe die Anforderung erfüllt, 15 TN (24,59%) die Anforderung hinreichend erfüllt, 40 TN (65,57%) die Anforderung unzureichend erfüllt und 2 TN (3,28%) die Anforderung nicht erfüllt. Die insgesamt 61 TN, welche FA4a (Brand,

Verbrennungen) angaben, erreichten in der darauf abzielenden Frage FB3 ein Mittel von 1,34 Punkten.

FA4c fragte nach Gewalteinwirkung durch Bauteile, Maschinen und ist mit FB5 verknüpft. Bei FA4c/ FB5 ist die Verteilung: 19 TN (46,34%) haben die Anforderung erfüllt, 17 TN (41,46%) diese zumeist erfüllt, 4 TN (9,76%) diese unzureichend erfüllt. 1 TN (2,44%) hat sie nicht erfüllt. Die 41 TN erreichten im Mittel 2,32 Punkte.

FA4d/ FB2 hat eine Verteilung von 20 TN (45,45%), die die Anforderung erfüllen, 11 TN (25%) die sie hinreichend erfüllen, 12 TN (27,27%) die sie unzureichend erfüllen. 1 TN (2,27%) hat die Anforderung nicht erfüllt. 44 TN die FA4d (Augenverletzungen) kreuzten, erreichten im Test bei FB2 im Schnitt 2,14 Punkte.

FA4e/ FB1 hat eine Verteilung von 29 TN (78,38%) , welche die Anforderung erfüllen. 5 TN (13,51%) erfüllen die Anforderung unzureichend und 3 TN (8,11%) erfüllen sie nicht. Die 37 TN mit Angabe von FA4e (Verätzungen) erreichen bei FB1 im Schnitt 2,49 Punkte.

FA4g/ FB4 hat eine Verteilung von 34 TN (79,07%), die die Anforderung erfüllen, 5 TN (11,63%), die sie unzureichend erfüllen und 4 TN (9,3%), die sie nicht erfüllen. 42 TN die FA4g (Stromunfälle) angaben, kamen bei FB4 auf 2,56 Punkte.

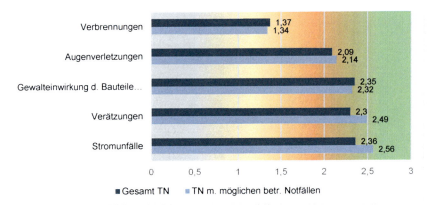

Abb. 14: Punktedurchschnitt der Gesamt TN und TN Subgruppen nach möglichen Notfallsituationen in individuellen Betrieben, farblich nach Bewertungsschema FB1-5 dargestellt.

FA3 unterscheidet zwischen den Zeitabständen des letzten EH-Kurses der TN mit den Hauptgruppen 0-2 und 2-5 Jahren. Die 34 TN mit 0-2 Jahren erreichten einen Punktedurchschnitt von 9,82. 37 TN mit 2-5 Jahren kamen auf 10,25 Punkte. 5 TN mit der Angabe 5-10 Jahre haben durchschnittlich 11,2 Punkte. 5 TN deren letzter Kurs über 10 Jahre her war, erreichten im Schnitt 9,4 Punkte.

FA6 identifizierte TN, die bereits EH im Betrieb durchführten. 43 TN, die als Ersthelfer wirkten, kommen auf ein Mittel von 10,26 Punkten. Dem gegenüber stehen 38 TN, die noch keine betriebliche EH durchführten, mit durchschnittlich 9,61 Punkten.

7. Diskussion

7.1 Das Wissen der Befragten zur Anwendung von Erster Hilfe

29,63% der Befragten haben die Anforderungen der Betriebe, gemäß einer Interpretation der Anforderung als Verminderung oder Verhinderung von Gefährdungen durch Verletzungen (70), erfüllt. Die DGUV hat dagegen im Informationsheft *Erste Hilfe im Betrieb* folgendes veröffentlicht:

„Helfen kann nur, wer erkennen kann, welche Maßnahmen notwendig sind und diese auch beherrscht, also ausgebildet ist" (71).

Hier sieht der Autor der vorliegenden Arbeit einen Fehlschluss. Wer an der Ausbildung in EH teilgenommen hat, d.h. per Bescheinigung als ausgebildet gilt, beherrscht nicht zwangsläufig die Maßnahmen. Nach den absolvierten EH-Kursen würden demnach Fähigkeiten und Wissen gefordert, die in den Kursen zwar praktisch und inhaltlich gelehrt werden, aber nicht durch Leistungsnachweise der Teilnehmer*innen überprüft werden. Praktisch können diese nach einem EH-Kurs, allein durch ihre Anwesenheit und partielle Teilnahme an Übungen, eine Teilnahmebescheinigung erhalten. Damit gelten sie als ausgebildete Ersthelfer*innen. Dies sollte kritisch hinterfragt werden, solange das Ersthelferkonzept auf hinreichende Ausbildung aufbaut. Das Bewertungsschema des Multiple Choice Test lässt zu, dass Teilnehmer identifiziert werden, die hinreichend EH leisten können. 46,91% der Teilnehmer*innen können, in den dargelegten Notfallsituationen, hinreichend zur Abwehr von gesundheitlichem Schaden beitragen. Insgesamt wären so 76,54% der Befragten, nach Wissenstest zu praktischen Inhalten der EH, in der Lage hinreichend EH durchführen.

Burghofer et al. kamen in ihrer Studie zur Ersthelferkompetenz (siehe S. 12f.) zu 62,5% ausgebildeten Ersthelfern, die suffiziente Maßnahmen durchführen konnten (72). Dies ist mit dem Ergebnis des Multiple Choice Tests zu vereinbaren, da in ihrer Studie Ersthelfer nach Führerscheinerwerb inkludiert wurden - deren EH-Kurs könnte Jahrzehnte zurück gelegen haben. Diese Zeitspanne könnte bei einem Teil der Probanden zu Verlust von Wissen geführt haben. 19,75% der Teilnehmer*innen entsprechen durch ihre Leistung den Anforderungen insgesamt nur unzureichend.

Weitere 3,7% haben die Anforderungen nicht erfüllt und Schaden im Mittel aller angegebenen Notfallsituationen eher, als dass sie helfen.

Inhalte der Ausbildung werden alle 2 Jahre wiederholt. Teilnehmer*innen, die angaben, dass ihr letzter EH Kurs 0-2 Jahre her ist, erreichten im Mittel 9,82 Punkte. Die Befragten mit größerem Zeitabstand (2-5 Jahre) erreichten 10,25 Punkte. Erwartet würde ein besseres Abschneiden der zeitnah geschulten Gruppe, da weniger Zeitabstand zum Lehrgang ein höheres Maß an Wissen begünstigen könnte. Fischers Studie aus 2018 zu praktischen Fertigkeiten der HLW kommt hingegen zum Schluss, dass Teilnehmer*innen, mit 0-2 Jahren Abstand zum letzten EH Kurs, bessere Ergebnisse erzielen (73). Hier könnte ein möglicher, didaktischer Fokus von EH-Ausbilder*innen auf die HLW einen Einfluss haben. Es könnten weitere grundlegende Faktoren existieren, die zu praktischem Wissen in EH beitragen. Ein Faktor könnte die Teilnehmermotivation sein. Pluntke schreibt 2005:

„Ist man also gezwungen an einer Ersthelferschulung teilzunehmen, ist Motivation nicht unbedingt von vornherein vorhanden, weil eine Identifizierung mit den Inhalten der Qualifizierung nicht existiert. Kurz gesagt: Wer kein Interesse an der Thematik hat, wird später sein *Wissen* nicht anwenden können" (74).

Diese Motivation könnte durch zielgruppengerechte Gestaltung der Ausbildung gestärkt werden. Betrachtet man die Ergebnisse der Befragten, nach den im eigenen Betrieb möglichen Notfällen, erreichen sie bei den einfacheren Testfragen (Augenverletzung, Verätzung, Stromunfall) eine etwas höhere, durchschnittliche Punktzahl als die Gesamt-Teilnehmer*innen. Darauf aufbauend haben Teilnehmer*innen, die eine umfangreiche Behandlung der speziellen Notfallsituationen im letzten EH-Kurs angaben, im Schnitt bessere Leistungen gezeigt als diejenigen, die „ausreichende", „unzureichende" oder „gar keine" ankreuzten. Bei den komplexeren Fragen (Verbrennung, Knochenbruch) lag die Leistung etwas niedriger als bei den Gesamt-Teilnehmer*innen. Karutz erwähnt 2008 in *Im Einsatz*:

„Die Aufnahmefähigkeit der Lehrgangsteilnehmer darf nicht überstrapaziert werden. Weniger ist mehr: Ersthelfer benötigen letztlich nur ein sehr eingeschränktes Fachwissen, so dass man die Vermittlung theoretischer Ausbildungsinhalte auf ein absolutes Minimum reduzieren kann" (75).

Der Umstand, dass das Aufnahmepensum überstrapaziert wurde, könnte dazu beigetragen haben, dass die komplexeren Fragen auch bei zielgruppengerechter Ausbildung nicht besser beantwortet wurden.

Breckwoldt et. al schreiben 2015 in *Der Anaesthesist* über EH-Kurse:

„Insbesondere könnten die notwendigen Fertigkeiten unzureichend vermittelt oder die Be-reitschaft zum Handeln nicht ausreichend gefördert werden" (76).

Hierzu wurde nach einer Einschätzung zur Ausbildungsqualität des letzten EH Kurses gefragt. Teilnehmer*innen, die eine sehr hohe Qualität angaben, erreichten im Mittel eine höhere Punktzahl als diejenigen, die eine hohe Qualität ankreuzten. Eine neutrale Qualität ergab einen noch geringeren Durchschnitt. Dies könnte dafür sprechen, dass die Ausbildungsqualität ein Faktor für eine hinreichende Ausbildung darstellt. Die subjektive Kompetenz, d.h. wie jemand sich zur Leistung von EH im Betrieb vorbereitet fühlen, lässt keine positive Verknüpfung mit den Testergebnissen zu. Personen, die sich mittelmäßig vorbereitet fühlten, erreichten einen höheren Punkteschnitt als die Personen, welche sich gut vorbereitet sahen. Hierbei könnte, neben der statistischen Varianz, der Dunning-Kruger Effekt eine Rolle spielen. Weniger fähige Personen überschätzen ihre eigenen Fähigkeiten eher, als Personen mit einem höheren Grad an Fähigkeiten (77). Dafür spricht auch der Vergleich der Punktewertung der Befragten, die den zeitlichen Abstand zwischen zwei Kursen als eher zu kurz empfanden (Ø 9,14) mit denjenigen, die den Abstand als zu lang empfanden (Ø 11,29). Hier wäre auch ein multifaktorieller Zusammenhang zu vermuten. So könnten Teilnehmer*innen, die wenig motiviert sind und sich selbst überschätzen, den Abstand als zu kurz empfinden und Minderleistung zeigen.

Im Hinblick auf einzelne Fragen des Multiple Choice Tests, hatte die Mehrheit der befragten Teilnehmer*innen bei einfachen Fragen die richtigen Antworten angekreuzt. Zu Verätzungen (71,6%) und Stromschlag (67,9%) hatten jeweils über 2/3 die Anforderung erreicht. Bei mehrschrittigen Maßnahmen wurden die Antworten immer seltener nach den Lehraussagen getätigt. Im Fall von Augenverletzungen (43,2%) und Verbrennungen (8,64%) kannten weniger, bzw. weitaus weniger als die Hälfte der Teilnehmer*innen die korrekte Lösung. Auch hier könnte man, im Sinne von Karutz (78), anmerken, dass Ausbildungsinhalte auf klare, einzelne Maßnahmen minimiert werden sollten.

7.2 Inkorrekte Erste Hilfe und ihre Folgen

25 Teilnehmer*innen (30,86%) gehen nach Stromschlag (220V) bei der Arbeit nicht davon aus, in jedem Fall eine Notaufnahme aufsuchen zu müssen. Die DGUV veröffentlichte 2016 hierzu:

„Wegen der Gefahr von Herzrhythmusstörungen, ausgelöst durch Körperdurchströmung, ist eine umgehende ärztliche Vorstellung notwendig, auch nach einem mutmaßlichen Wischer" (79).

Diese Vorgehensweise sollte demnach in den EH-Kursen vermehrt angesprochen bzw. in den Lehrinhalten deutlicher hervorgehoben werden. Andererseits stellte Maaß in ihrer Dissertation zu kardialem Monitoring nach Stromunfall fest: „Als Ergebnis zeigte sich, dass kein Patient spät auftretende lebensbedrohliche Arrhythmien entwickelte" (80). Die Autorin hatte an der Charité 268 Fälle nach Stromunfall untersucht. Das Ergebnis lässt vermuten, dass fehlendes Wissen der betrieblichen Ersthelfer in vielen Fällen nicht zu ernsten Gesundheitsfolgen führt.

Bei großflächiger Verbrennung würden 20 Teilnehmer*innen (24,69%) Brandsalbe benutzen. Knickmann & Wilms fordern im EH-Handbuch des DRK zum Thema Verbrennungen: „Brandblasen nicht öffnen und keine Brandsalben anwenden" (81). Im Artikel: Die notfall- und intensivmedizinische Grundversorgung des Schwerbrandverletzten aus *Anästhesiologie und Intensivmedizin* sehen Adams & Vogt jedwede lokale Wundbehandlung als kontraindiziert (82). Die Begründung wird auf einer Informationsseite des Malteser Hilfsdienstes dargelegt. Dort heißt es:

„Brandwunde verbinden oder offen lassen? Offene Wunden sind besonders anfällig für Keime. Deshalb nicht irgendein Tuch aus dem Haushalt darüberlegen oder gar Cremes oder Hausmittel auftragen. Die Wunde könnte sich infizieren, zudem kann der Arzt die Wunde schlechter einschätzen" (83).

Studien, die die Häufigkeit von Infektionen durch Anwendung von Brandsalbe untersuchten, konnten nicht identifiziert werden. Daher kann nicht, auf wissenschaftliche Grundlagen gestützt, ermessen werden welche Folgen die Anwendung von Brandsalbe hätte. Ein Teilnehmer (1,23%) gab an, im Falle von Verbrennung, Brandblasen zu öffnen.

12 Teilnehmer*innen (14,8%) würden bei einer Verätzung ein leichtes Schmerzmittel geben. Im DRK Handbuch liest man zu den Grundsätzen der Wundversorgung: „Keine Medikamente verabreichen [...]" (84).

In der DGUV Information 204-022 steht dazu: „Auf keinen Fall ist es Sache des Ersthelfers, Medikamente, z.B. Kopfschmerztabletten, an Betriebsangehörige auszugeben" (85). Eine Begründung wird auch hier nicht genannt. Pluntke greift 2017 das Thema auf und schreibt in seinem Artikel auf sifa-sibe.de, Medikamentengabe in der Kita, im Unterpunkt zur allgemeinen Medikamentengabe in EH:

> „Die Gabe von Medikamenten in der Notfallversorgung ist eine ärztliche Maßnahme. Mit der Medikamentengabe durch Ersthelfer würde die ärztliche Diagnose erschwert werden. Medikamente können aber auch unerwünschte Nebenwirkungen wie allergische Reaktionen, Organfunktionsstörungen oder abnormale Reaktionen auslösen. Ebenso können Überdosierungen zu gefährlichen Nebenwirkungen führen. Letztlich wird ebenso eine eigenmächtige Heilbehandlung mit Diagnosestellung und Therapieauswahl eingeleitet, was außerhalb des Arzt-Patienten-Verhältnisses den Straftatbestand der Körperverletzung nach § 223 Strafgesetzbuch (StGB) erfüllen würde. Daher ist es auf keinen Fall Angelegenheit des Ersthelfers Medikamente – mögen sie in ihrer Wirkung für den Laien auch noch so harmlos erscheinen (z.B. Kopfschmerztabletten) – an Betriebsangehörige auszugeben. Dies gilt nicht nur für verschreibungspflichtige, sondern auch für apothekenpflichtige Medikamente" (86).

Die hier aufgezeigten möglichen Folgen sprechen für eine tatsächliche Gefahr durch Medikamentengabe durch Ersthelfer. Abgesehen von rechtlichen Folgen für Hilfeleistende kann die Medikamentengabe zu gesundheitlichen Schäden führen.

3 Teilnehmer*innen (3,7%) würden einen Unterarmbruch richten. Hierzu steht im DRK Handbuch zur EH, dass nur ärztliches Personal die verletzten Körperteile bewegen und einrenken darf (87). Herdtle hält in Fleischmann und Hohensteins FAQ Klinische Notfallmedizin, beim Unterarmbruch, neben einer Gefahr der Läsion von Blutgefäßen und Nerven, die Ruptur der Membrana interossea antebrachii (Bindegewebsstrang, der Elle und Speiche verbindet) für möglich (88). Diese Ruptur kann zu einer anhaltenden Instabilität des Unterarms führen (89). Eine Manipulation der Fraktur durch Ersthelfer könnte daher in mehrfacher Hinsicht Schaden anrichten.

Zwei Teilnehmer*innen (1,23%) gaben an, einen penetrierenden Metallsplitter aus dem Auge zu ziehen. Zur Gefahr durch diese Maßnahme konnten keine Studien identifiziert werden. Ein Grundsatz der EH besagt, dass von medizinischen Laien keine Fremdkörper aus einer Wunde entfernt werden.

Der Ophtalmologe Brady schreibt im MSD Manual 2018:

> „Eingebettete Fremdkörper müssen an der Spitze eines sterilen Spudels (eines Instruments zum Entfernen von okularen Fremdkörpern) oder einer 25- oder 27- Gauge-Nadel entfernt werden, im Allgemeinen unter Anleitung mit einer Spaltlampe. Intraokulare Fremdkörper oder eindringende Verletzungen werden von einem Augenarzt operativ behandelt " (90).

Aus der hieraus ableitbaren, gebotenen Vorsicht lässt sich ein hohes Schadenspotenzial durch Laienhelfer bei inkorrekter Entfernung eines Splitters im Auge vermuten.

7.3 Die Einschätzung der Teilnehmer zu Erste-Hilfe-Kursen

Aus Sicht von 64,2% der Befragten wurden spezielle betriebliche Notfälle ausreichend in den letzten Kursen behandelt. Weitere 19,75% bestätigen dem letzten Kurs eine umfangreiche Behandlung der speziellen Themen. Nach Testauswertung haben 29,63% der Teilnehmer*innen die Bewertung „Anforderungen erfüllt" erhalten. Einerseits schreibt Reuchlein 2015 zur Reform und Vereinfachung der EH-Kurse: „Durch das neue Ausbildungskonzept soll die Handlungskompetenz der Teilnehmenden verbessert und die Qualität der Leistungen der Ersthelferinnen und Ersthelfer gesteigert werden (91)". Anderson et al. schrieben schon 2011 in ihrer Studie "First aid skill retention of first responders within the workplace" gegenläufig, dass höhergradig ausgebildetes Personal ein besseres Wissen zur EH besitze und das Wissen auch nicht schnell verfallen würde (92). Ihr Anlass zu der Studie waren vorausgegangene Erkenntnisse: „Recent literature states that many necessary skills of CPR and first aid are forgotten shortly after certification"(93). Da laut den Befragten die speziellen Inhalte in den letzten Kursen (83,95% der Kurse) vermittelt wurden, kann ein Effekt, der das Vergessen von Wissen zu EH-Maßnahmen begünstigt, angenommen werden. Hierbei könnte es sich um das verdichtete Lernen von vielen Inhalten und EH-Maßnahmen an einem Tag (9UE) handeln. Es muss beachtet werden, dass aufgrund der geringen Datenlage zu nachhaltigen, betrieblichen Ersthelferkompetenzen nach EH-Ausbildung, an dieser Stelle internationale Systeme verglichen werden. Dies könnte die Aussagekraft limitieren.

Die Mehrheit der Befragten schätzt die Qualität des letzten EH-Kurse als hoch (55,56%) bzw. sehr hoch (11,11%) ein. Neben objektiven Kriterien, wie sie Breckwoldt et al. sie formulieren (siehe S. 3) kann eine subjektive Einschätzung vorliegen. Erfahrungen des Autors als Ausbilder in Erster Hilfe zeigen, dass Teilnehmer*innen besonders zufrieden mit dem Kurs sind, wenn die Ausbilder*in den Lehrgang spannungsreich und humorvoll gestaltet. Lernwirksamer Unterricht sollte darüber hinaus mit fachlich versierten, wertschätzenden und hilfsbereiten Ausbilder*innen stattfinden (94).

Der übliche Abstand von 2 Jahren zwischen den Kursen wird von den Befragten unterschiedlich bewertet. 79,01% der Teilnehmer*innen empfinden das Intervall, bezüglich der Erhaltung ihrer Handlungskompetenz im Notfall, als angemessen. Fischers Studie von 2018 unterstützt diese Haltung, da Probanden mit letztem EH-Kurs von vor 0-2 Jahren, die besten Ergebnisse erzielten (95). Die Teilnehmer*innen der vorliegenden Studie fühlten sich signifikant besser vorbereitet, wenn der letzte EH-Kurs höchstens 2 Jahre her war (siehe S. 30). Die durchschnittlichen Punktzahlen im Multiple Choice Test der beiden Gruppen sind konträr zur subjektiven Einschätzung: 9,82 (0-2 Jahre) vs. 10,25 (2-5 Jahre) bei ähnlicher Gruppenstärke. Es könnten, neben der statistischen Varianz, andere Faktoren eine Rolle spielen. Die von Pluntke erwähnte Motivation der Teilnehmer*innen, könnte sich auf Lernerfolg und damit den Erwerb von nachhaltigem praktischen Wissen auswirken. Nicht zuletzt könnten persönliche Aspekte eine Rolle spielen, wie z.B. eine Ausbilder*in, die den Erwartungen der Teilnehmer*innen nicht gerecht wird. „Erste-Hilfe-Ausbilder haben keine leichte Aufgabe: Sie sollen nicht nur Fachwissen vermitteln, sondern zur Hilfeleistung motivieren (96)".

7.4 Limitationen der Studie

Die gewichtigste Limitation besteht in der Befragung von Teilnehmer*innen, die einen zeitlichen Abstand zum letzten EH-Kurs von ca. 2 Jahren und mehr aufweisen. Die Ergebnisse zeigen, dass der Zeitpunkt des Kurses, in dessen Rahmen die Befragung lief, für die Befragten genau richtig ist. Betriebliche Ersthelfer müssen alle 2 Jahre einen EH-Kurs ableisten. Um herauszufinden, inwiefern die Anforderungen der Betriebe innerhalb der ersten 0-24 Monate nach einem Kurs durch die derzeitige Ausbildung erfüllt werden, bräuchte es zeitnahe Befragungen nach den EH-Kursen.

Die hier erhobenen Einschätzungen und Leistungen können nur eine mögliche Tendenz abbilden. Als weiterer Kritikpunkt kann das nicht validierte Bewertungssysstem gesehen werden.

Die eigens entwickelte Bewertungsskala ist an die Bedeutungen der Noten des schulischen Bewertungssystems nur angelehnt. Dort werden Leistungen ebenfalls danach bewertet, in welchem Maße sie den Anforderungen entsprechen. Der Multiple Choice Fragebogen könnte für Teilnehmer*innen, die keine Erfahrung mit diesem Verfahren besitzen, zu komplex gestaltet worden sein. Hier waren die Reproduktion von Lehraussagen und Problemlösungen gefordert. Letztendlich handelt es sich bei der Erhebung größtenteils um die persönliche Einschätzung der Befragten, die von individuellen Faktoren beeinflusst sein könnte.

8 Schlussbetrachtung

Lediglich ein Drittel der Teilnehmer*innen wurden im Test den Anforderungen der Betriebe gerecht, indem sie geeignete Mittel und korrekte Maßnahmen zur Abwehr von (weiteren) gesundheitlichen Gefahren bzw. Schäden fanden. Knapp die Hälfte der Befragten erreichte das Ziel zumindest hinreichend, wobei teilweise wichtige Elemente der EH-Maßnahmen nicht berücksichtigt wurden. Eine Bewertung als unzureichend und schlechter erhielten etwa ein Viertel der Befragten. So wird im Hinblick auf die Forschungsfrage, ob betriebliche Ersthelfer*innen durch Qualifizierungs- und Fortbildungsmaßnahmen angemessen auf die aktuellen Anforderungen in den Betrieben vorbereitet werden, zum Zeitpunkt der Befragung, ein großer Teil der betrieblichen Ersthelfer den Anforderungen nicht gerecht.

Nach der Reform 2015 sollten bisherige Schwächen der Ausbildung, wie EH-Kurse, die wenig auf die betrieblichen Bedürfnisse eingehen, durch optionale Themen überwunden werden. Gleichzeitig bleibt Ausbildern weniger Zeit, um die Inhalte der EH in den Kursen theoretisch und praktisch zu vermitteln. Die Studienlage deutet auf eine bessere, d.h. den Ausbildungsinhalten entsprechende EH hin, je kürzer der zeitliche Abstand zum letzten EH-Kurs ist. Im Multiple Choice Test hat nur ein Viertel die Anforderung in der Gesamtbetrachtung erfüllt. Andere Teilnehmer*innen könnten entweder vor Ablauf des 2-jährigen Intervalls Kompetenzverluste gehabt haben oder sie haben diese Kompetenzen nie erworben. Durch fehlende Lernzielkontrollen, wie sie in anderen Ausbildungen üblich sind, kann dies nicht ausgeschlossen werden. Der Lernerfolg der Teilnehmer*innen ist von weiteren Faktoren abhängig. Das Verhalten der Ausbilder*innen, ein motivierender Realitätsbezug durch Fallbeispiele und die Vermittlung von Haltungen scheinen dabei eine wichtige Rolle zu spielen. Die Lehraussagen in EH sollten einfach und nachvollziehbar sein. Ergebnisse des Multiple Choice Tests zeigen bessere Leistungen der Befragten, wenn diese nicht mit komplexen, mehrschrittigen Maßnahmen in EH konfrontiert werden. Einfache und klare Aussagen durch die Ausbilder*innen zeigen eine erhöhte Lernwirksamkeit bei den Teilnehmer*innen. In Studien und der vorliegenden Arbeit konnten häufige Abweichungen von geltenden EH-Standards von Seiten der Studienprobanden identifiziert werden. So entsprechen die Leistungen von Probanden, in Studien zur Herz-Lungen-Wiederbelebung, nicht dem hohen Stellenwert, den diese Maßnahme in den EH-Kursen besitzt. Daraus könnte abgeleitet werden, dass andere Methoden und

Lehraussagen, die in den EH-Kursen in kleinerem Umfang gelehrt werden, ebenfalls nicht lange im Gedächtnis der Teilnehmer*innen bleiben. Der Ansatz des spaced learnings, d.h. des Wiederholens von notwendigen Maßnahmen und Lehrinhalten zur Lebenserhaltung Betroffener, könnte zur Lösung des Problems beitragen. Hierzu müssten unnötige Lehr- und Lerninhalte in den EH-Kursen identifiziert und durch einfache, leicht einzuprägende Prinzipien ausgetauscht werden. Prinzipien, die an späterer Stelle des Kurses wieder aufgegriffen und z.B. in praxisnahen Szenarien, in Form von betriebsbezogenen Fallbeispielen, verinnerlicht werden können. In der Fachliteratur und dieser Arbeit konnten einzelne Schwachpunkte ermittelt werden. Hier ist insbesondere der Wärmeerhalt von Betroffenen durch Ersthelfer zu nennen. Die Lehraussagen zur Gabe von Medikamenten oder der erweiterten Behandlung von Wunden durch topische Therapie (Salben, Cremes, Desinfektionsmittel) wurden oft nicht korrekt wiedergegeben. Diese sollten in den Kursen hervorgehoben werden. Das richtige Verhalten nach Stromschlag sollte ebenfalls höheren Stellenwert in den Kursen besitzen.

Nur knapp die Hälfte der Befragten fühlte sich gut oder sehr gut auf die EH im Betrieb vorbereitet, obwohl ca. 80% den Zeitabstand zwischen den Kursen als angemessen empfanden. Teilnehmer*innen, die mögliche spezielle Notfälle in ihren Betrieben angaben, erreichten damit verbunden einen höheren Punkteschnitt. Eine hohe Identifikation mit den Inhalten könnte, auch hier durch speziell auf die Belange der Betriebe zugeschnittene Kurse und ein danach ausgerichtetes, praktisches Training, erreicht werden. Spezielle Unfallrisiken müssten dafür vorher von Betriebsärzt*innen, Sicherheitsbeauftragten und sonstigem Fachpersonal erkannt und aufgelistet werden. Nicht zuletzt zeigen die Testergebnisse, dass eine hohe Ausbildungsqualität im vorherigen Kurs zu einer besseren Leistung der Befragten geführt hat. Knapp ein Drittel der Befragten gab allerdings eine neutrale Ausbildungsqualität an. Eine Sicherung der Qualität durch Qualitätskontrollen und zielgerichtete Fortbildungen der Ausbilder*innen, zu didaktischen und fachlichen Themen, könnte die beschriebene Situation verbessern.

Weitere Vergleiche der Subgruppen können Anstoß zu näheren Untersuchungen bieten. Teilnehmer*innen, die im Betrieb schon einmal EH leisteten, schnitten im Test im arithmetischen Mittel besser ab. Eine mögliche Ursache könnte die durch eigene Hilfeleistung erworbene Einsicht sein, dass eine Dringlichkeit korrekter EH-

Maßnahmen im Notfall besteht. Die eigene Erfahrung könnte so die Lernmotivation beeinflusst haben. Jene Motivation, die durch maßgeschneiderte Lerninhalte, eine hohe Ausbildungsqualität, Praxisbezug und durch das Verhalten der Ausbilder*innen gesteigert werden könnte.

Anmerkungsverzeichnis

(01) vgl. Statistisches Bundesamt, 2019
(02) vgl. Goldschmidt, 2013, S. 34
(03) vgl. BGHW, 2019
(04) vgl. Liersch, 2014
(05) vgl. Rump & Eilers, 2017
(06) Knöll & Lugbauer, 2020
(07) vgl. DGUV 204-022, 2017, S. 15
(08) vgl. Pluntke, 2005, S. 285
(09) Schmitt, 2017, S. 12
(10) DGUV 204-022, 2017, S. 10
(11) Breckwoldt et al., 2016, S. 3
(12) vgl. Zideman et al., 2015
(13) vgl. Schmitt, 2017, S. 12
(14) vgl. Hawerkamp, 2012, S. 9ff.
(15) Hawerkamp, 2012, S. 12
(16) vgl. Labisch, 1977, S. 16
(17) vgl. Goldschmidt, 2013, S. 4
(18) vgl. Goldschmidt, 2013, S. 8f.
(19) vgl. Beck, 1957, S. 7f.
(20) vgl. Ministerium für Arbeit, Gesundheit und Soziales des Landes Nordrhein-Westfalen, 1995
(21) vgl. DGUV, 2022
(22) vgl. Statista, 2022
(23) vgl. Reuchlein, 2015, S. 10f.
(24) vgl. DGUV 204-022, 2017, S. 71ff.
(25) vgl. BGHW, 2021
(26) vgl. DGUV 2017, S. 5f.
(27) vgl. DGUV 204-022, 2017, S. 23
(28) vgl. DGUV 204-022, 2017, S. 15
(29) DGUV 204-022, 2017, S. 11
(30) ebenda
(31) Schmitt, 2017, S. 5
(32) vgl. Reuchlein, 2015
(33) DGUV 304-001, 2019, S. 18
(34) vgl. DGUV 204-022, 2017, S. 71

(35) vgl. Knickmann & Wilms, 2019, S. 47
(36) vgl. Knickmann & Wilms, 2019, S. 28
(37) vgl. Arndt-Buchaly et al., 2021, S. 72
(38) vgl. Knickmann & Wilms, 2019, S. 22
(39) vgl. DGUV 204-007, 2017, S. 29
(40) vgl. Fleischmann & Hohenstein, 2016, S. 444f.
(41) vgl. DGUV 204-007, 2017, S. 51
(42) vgl. DGUV 304-001, 2019, S. 37
(43) DGUV 304-001, 2019, S. 11
(44) DGUV 304-001, 2019, S. 12
(45) vgl. BGN 2014
(46) vgl. DGUV 304-001, 2019, S. 46f.
(47) vgl. Dittmar, 2019, S. 31f.
(48) vgl. Goldschmidt, 2013, S. 16ff.
(49) Dagrenat et al., 2018
(50) vgl. Oxfordreference, 2016
(51) vgl. Dagrenat et al., 2018
(52) vgl. Bakke et al., 2015
(53) vgl. Mudhafar & Husum, 2012
(54) Husum & Mudhafar, 2012
(55) vgl. Lingard, 2002
(56) Burghofer et al., 2008
(57) Mauritz et al., 2003
(58) vgl. DRK & ADAC, 2012
(59) vgl. Rea, 2015
(60) vgl. Knickmann & Wilms, 2019, S. 69
(61) Fischer, 2018, S. 39
(62) vgl. Fischer, 2018, S. 37
(63) Fischer, 2018, S. 39
(64) Breckwoldt et al., 2015
(65) vgl. ebenda
(66) ebenda
(67) vgl. Smolen et al., 2016
(68) Yeung et al., 2020
(69) vgl. ebenda
(70) vgl. Schmitt, 2017, S. 5
(71) DGUV, 2017, S. 10

(72) Burghofer et al., 2008
(73) vgl. Fischer, 2018, S. 39
(74) Pluntke, 2015, S. 284
(75) Karutz, 2008, S. 18
(76) Breckwoldt et al., 2015
(77) vgl. Simons, 2013
(78) vgl. Karutz, 2008, S. 18
(79) DGUV, 2016, S. 2
(80) Maaß, 2015, S. 56
(81) Knickmann & Wilms, 2019, S. 43
(82) Adams & Vogt, 2010, S. 95
(83) Malteser Hilfsdienst, 2021
(84) Knickmann & Wilms, 2019, S. 22
(85) DGUV 204-022, 2017, S. 63
(86) Pluntke, 2017
(87) vgl. Knickmann & Wilms, 2019, S. 36
(88) vgl. Herdtle in Fleischmann & Hohenstein, 2016, S. 430
(89) vgl. Loeffler et al., 2013
(90) Brady, 2018
(91) Reuchlein, 2015, S. 11
(92) vgl. Anderson et al., 2011
(93) vgl. Karutz, 2008, S. 21
(94) Anderson et al., 2011
(95) vgl. Fischer, 2018, S. 39
(96) Karutz, 2008, S. 17

Literaturverzeichnis

Arndt-Buchaly J, Rickes O, Scheinichen F, Thöle M: Lernkarten Rettungsdienst Notfallmedizin. 2. Auflage. München: Elsevier (2021)

Beck WP: Erste ärztliche Hilfe am Unfallort beim Betriebsunfall. In: Verhandlungen der Deutschen Gesellschaft für Unfallheilkunde, Versicherungs- und Versorgungsmedizin. Berlin: Springer (1958)

Breckwoldt J, Lingemann C, Wagner P: Reanimationstraining für Laien in Erste-Hilfe-Kursen: Vermittlung von Wissen, Fertigkeiten und Haltungen. In: Der Anästhesist. Heft 3. Berlin, Heidelberg: Springer (2016)

DGUV: Information 204-022. Erste Hilfe im Betrieb. Hrsg: Deutsche Gesetzliche Unfallversicherung e.V. Berlin: o.V. (2017)

DGUV: Information 204-007. Handbuch zur Ersten Hilfe. Hrsg: Deutsche Gesetzliche Unfallversicherung e.V. Berlin: o.V. (2017)

Dittmar C: Ersthelferinnen und Betriebssanitäter. Ausbildung und rechtliche Aspekte. Hamburg: Diplomica Verlag GmbH (2019)

Fischer, PM: Kenntnisse und Fertigkeiten zur Erste-Hilfe-Leistung in der Bevölkerung. (Organisation und Recht des Rettungswesens, Band 4). Hamburg: Diplomica Verlag GmbH (2018)

Fleischmann T, Hohenstein C, Alscher MD, Behrendt IC, Fischbach A, Grebenstein U, Herdtle S, Kiefl D, Klingener C, Kummer L, Lomberg L, Plappert T, Rockmann F, Schrod L, Strauss A: FAQ Klinische Notfallmedizin. 1. Auflage. München: Elsevier (2016).

Karutz H: Helfen lehren: Unterricht im Erste-Hilfe-Kurs. In: Im Einsatz. Heft 5, 2008. Edewecht: SK Verlag (2008)

Knickmann A, Wilms S: Leben retten – Das Erste-Hilfe-Handbuch. 2. Auflage. Berlin: DRK-Service GmbH (2019)

Petersen T: Der Fragebogen in der Sozialforschung. 1. Auflage. München: UVK-Verlagsgesellschaft (2014)

Pluntke S: Erste Hilfe lernen ist nicht schwer, sie zu leisten manchmal sehr – Ersthelfermotivation als Aufgabe des Arbeitsschutzes. In: sicher ist sicher – Arbeitsschutz aktuell. Heft 6. Berlin: Erich Schmidt Verlag (2005)

Raab-Steiner E, Benesch M: Der Fragebogen. Von der Forschungsidee zur SPSS Auswertung. 5.Auflage. Wien: facultas (2018)

Schmitt M: Betrieblicher Sanitätsdienst Leitfaden zur Organisation der Ersten Hilfe und des Sanitätsdienstes im Unternehmen. 2. Auflage. Landsberg am Lech: ecomed (2017)

Zideman DA, de Buck EDJ, Singletary EM, Cassan P, Chalkias AF, Evans TR, Hafner CM, Handley AJ, Meyran D, Schunder-Tatzber S, Vandekerckhove PG: Erste Hilfe. In: Notfall + Rettungsmedizin. Springer Verlag (2015)

Internetquellen

Adams HA, Vogt PM (2010): Die notfall- und intensivmedizinische Versorgung des Schwerbrandverletzten. In: Anästhesie & Intensivmedizin Abgerufen unter: https://www.ai-online.info/images/ai-ausgabe/2010/02-2010/2010_2_90-112_Die%20notfall-%20und%20intensivmedizinische%20Grundversorgung%20des%20Schwerbrandverletzten.pdf

Anderson GS, Gaetz M, Masse J (2011): First aid skill retention of first responders within the workplace. In: Scandinavian journal of trauma, resuscitation and emergency medicine. Abgerufen unter: https://pubmed.ncbi.nlm.nih.gov/21303536/

Bakke HK, Steinvik T, Eidissen SI, Gilbert M, Wisborg T (2015): Bystander first aid in trauma – prevalence and quality: a prospective observational study. Abgerufen unter: https://onlinelibrary.wiley.com/doi/full/10.1111/aas.12561

BGHW (2021): Erste Hilfe - Organisation der Ersten Hilfe. Abgerufen unter: https://www.bghw.de/was-sie-im-arbeitsschutz-beachten-muessen/erste-hilfe

BGHW (2019): Unfälle verhindern - Unfälle in der Branche Handel und Warenlogistik. Abgerufen unter: https://www.bghw.de/arbeitsschutz/wie-wir-sie-im-arbeitsschutz-unterstuetzen/unfaelle-verhindern

BGN (2014): Voraussetzungen für die Ermächtigung als Stelle für die Aus- und Fortbildung in der Ersten Hilfe. Abgerufen unter: https://www.bgn-branchenwissen.de/daten/dguv/1/anl2.htm

Brady CJ (2018): So entfernen Sie einen Fremdkörper aus dem Auge. MSD Manuals. Abgerufen unter: https://www.msdmanuals.com/de-de/profi/augenkrankheiten/wie-werden-augenbehandlungen-durchgef%C3%BChrt/so-entfernen-sie-einen-fremdk%C3%B6rper-aus-dem-auge

Burghofer K, Köhler M, Stolpe E, Lackner CK (2008): Erste-Hilfe-Maßnahmen bei Notfällen. In: Notfall + Rettungsmedizin. Abgerufen unter: https://www.springerpflege.de/erste-hilfe-massnahmen-bei-notfaellen/11086136

Dagrenat C, Cassan P, Issard D, Loeb T, Baer M, Descatha A (2018): 541 First aid in the workplace in the world: a systematic review. In: Emergency Preparedness and Response. Abgerufen unter:
https://www.researchgate.net/publication/324815488_541_First_aid_in_the_workplace_in_the_world_a_systematic_review

DGUV (2019): Grundsatz 304-001 Ermächtigung von Stellen für die Aus- und Fortbildung in der Ersten Hilfe. Abgerufen unter:
https://publikationen.dguv.de/widgets/pdf/download/article/88

DGUV (2017): Rechtsfragen bei Erster Hilfe Leistung durch Ersthelferinnen und Ersthelfer. Abgerufen unter:
https://kuvb.de/fileadmin/daten/dokumente/GBI/Kitas/Vorschriften_und_Informationen/Erste_Hilfe/10852_Rechtsfragen_bei_Erster_Hilfe_Leistung_durch_Ersthelfer.pdf

DGUV (2022): Tödliche Arbeitsunfälle. Abgerufen unter:
https://ww*w.dguv.de/de/zahlen-fakten/au-wu-geschehen/toedliche-au/index.jsp

DRK und ADAC (2012): Können Sie noch Erste Hilfe? EuroTest Umfrage von DRK und ADAC in Deutschland und Europa.
Abgerufen unter: https://docplayer.org/34930620-Koennen-sie-noch-erste-hilfe-eurotest-umfrage-von-drk-und-adac.html

Goldschmidt P (2013): BAGEH Meilensteine im Zeitablauf.
Abgerufen unter: https://www.bageh.de/application/files/6415/1058/5501/BAGEH-Meilensteine.pdf

Hawerkamp H (2012): Beiträge zur Geschichte des Arbeiter Samariter-Bundes von seiner Gründung (1888) bis zu seinem Verbot (1933).
Abgerufen unter: https://d-nb.info/102702775X/34

Knöll K, Lugbauer P (2019): Arbeitsschutz - Zukunftsorientierte Ausrichtung im Unternehmen Abgerufen unter: https://link.springer.com/chapter/10.1007/978-3-658-26956-2_6

Labisch A (1977): Selbsthilfe zwischen Auflehnung und Anpassung - Arbeiter-Sanitätskommission und Arbeiter-Samariterbund. Abgerufen unter: https://docserv.uni-duesseldorf.de/servlets/DerivateServlet/Derivate-14580/S0011351.pdf

Liersch A (2014): Arbeitsunfälle und arbeitsbedingte Gesundheitsprobleme. Abgerufen unter: https://www.destatis.de/DE/Methoden/WISTA-Wirtschaft-und-Statistik/2014/09/arbeitsunfaelle-gesundheitsprobleme-92014.pdf?__blob=publicationFile

Lingard H (2002): The effect of first aid training on Australian construction workers' occupational health and safety motivation and risk control behavior. In: Journal of safety research. Abgerufen unter: https://pubmed.ncbi.nlm.nih.gov/12216447/

Loeffler BJ, Green JB, Zelouf DS (2013): Forearm instability. In: The journal of hand surgery. Abgerufen unter: https://pubmed.ncbi.nlm.nih.gov/24315636/

Maaß W (2015): Kardiales Monitoring nach Stromunfall. Dissertation. Charité Berlin. Abgerufen unter: https://refubium.fu-berlin.de/handle/fub188/793

Malteser (2021): Erste Hilfe bei Verbrennung. Abgerufen unter: https://www.malteser.de/aware/hilfreich/erste-hilfe-bei-verbrennung-das-musst-du-beachten.html

Mauritz W, Pelinka L, Kaff A, Segall B (2003): Maßnahmen durch Ersthelfer am Unfallort Eine prospektive, epidemiologische Studie im Raum Wien. Abgerufen unter: https://www.researchgate.net/publication/226906859_Massnahmen_durch_Ersthelfer_am_Unfallort_Eine_prospektive_epidemiologische_Studie_im_Raum_Wien

Ministerium für Arbeit, Gesundheit und Soziales des Landes Nordrhein-Westfalen (1995): Statusanalyse 94/95. Gesundheitsschutz am Arbeitsplatz. Abgerufen unter: https://www.lia.nrw.de/_media/pdf/service/Publikationen/archiv/alt/gesundheitberichte daten/Statusanalyse_94_95.pdf

Mudhafar MK, Husum H (2010): Trained lay first responders reduce trauma mortality: a controlled study of rural trauma in Iraq. Abgerufen unter: https://pubmed.ncbi.nlm.nih.gov/21181688/

Oxfordreference (2021): adequate. Abgerufen unter:
https://www.oxfordreference.com/view/10.1093/acref/9780190491482.001.0001/acref-9780190491482-e-138?rskey=mpIVSy&result=1

Pluntke S (2017): Medikamentenabgabe in der Kita. Abgerufen unter:
https://www.sifa-sibe.de/allgemein/medikamentenabgabe-in-der-kita/

Rea, TD (2005): Agonal respirations during cardiac arrest. In: Current opinion in critical care. Abgerufen unter:
https://pubmed.ncbi.nlm.nih.gov/15928464/

Reuchlein H (2015): Erste Hilfe: Neustrukturierung der Aus- und Fortbildung. In: DGUV Forum. Abgerufen unter:
https://www.ukh.de/fileadmin/ukh.de/Erste_Hilfe/Erste_Hilfe_PDF_2016_NEU/Neustrukturierung_der_ersten_Hilfe.pdf

Rump J, Eilers S (2017): Arbeit 4.0 – Leben und Arbeiten unter neuen Vorzeichen. Abgerufen unter:
https://link.springer.com/chapter/10.1007/978-3-662-49746-3_1

Simons DJ (2013): Unskilled and optimistic: overconfident predictions despite calibrated knowledge of relative skill. In: Psychonomic bulletin and review. Abgerufen unter:
https://link.springer.com/article/10.3758/s13423-013-0379-2

Smolen P, Zhang Y, Byrne JH (2016): The right time to learn: mechanisms and optimization of spaced learning. In: Nature reviews. Neuroscience. Abgerufen unter:
https://pubmed.ncbi.nlm.nih.gov/26806627/

Statista (2022): Anzahl der Erwerbstätigen in Nordrhein-Westfalen nach dem Inlandskonzept von 1991 bis 2020. Abgerufen unter:
https://de.statista.com/statistik/daten/studie/253222/umfrage/erwerbstaetige-in-nordrhein-westfalen-nach-dem-inlandskonzept/#:~:text=Im%20Jahr%202020%20gab%20es,Beamte)%20oder%20als%20Selbst%C3%A4ndige%20bzw

Statistisches Bundesamt (2019): Anzahl der Ersthelfer in Unternehmen nach Berufsgenossenschaften 2019. Abgerufen unter: https://de.statista.com/statistik/daten/studie/6134/umfrage/anzahl-der-ersthelfer-in-unternehmen-der-gewerblichen-wirtschaft/

Yeung J, Djarv T, Hsieh MJ, Sawyer T, Lockey A, Finn J, Greif R: Spaced learning vs massed learning in resuscitation – a systematic review. In: Resuscitation. Abgerufen unter: https://pubmed.ncbi.nlm.nih.gov/32926969/

Anmerkung

Alle Weblinks wurden im Zeitraum vom 04.10.2021 bis 17.01.2022 aufgerufen.

Einschätzung der Ausbildung zur betrieblichen Ersthelfer*in von Seiten der Teilnehmer*innen eines Erste-Hilfe-Kurses

Bitte nehmen Sie sich ein paar Minuten Zeit um die folgenden Fragen mittels Ankreuzen der Kästchen zu beantworten. Die Umfrage ist anonym und es werden keine privaten Daten erhoben.

Sie arbeiten in einem ...

Industriellen Fertigungs-/ Verarbeitungsbetrieb	Warenhandel- oder Auslieferungsbetrieb	Dienstleistungsbetrieb	Sonstigen Betrieb
☐	☐	☐	_____

Wurden Sie bereits durch einen Erste-Hilfe-Kurs zur betrieblichen Ersthelfer*in ausgebildet?

Ja	Nein	Unsicher
☐	☐	☐

Wenn ja, wann fand der letzte Erste-Hilfe-Kurs statt? Der letzte Kurs fand vor ca.

0-2 Jahren	2-5 Jahren	5-10 Jahren	> 10 Jahren	
☐	☐	☐	☐	...statt.

Welche der folgenden Notfallsituationen können, ihrer Einschätzung nach, in ihrem Betrieb auftreten?

Brand, Verbrennungen	Stofffreisetzung, Gasinhalation	Stumpfe Gewalteinwirkung durch Bauteile, Maschinen	Augenverletzungen
☐	☐	☐	☐

Verätzung, Vergiftung	Einklemmen o. Abtrennung von Körperteilen	Stromunfälle	Thermische Notfälle (Hitzekollaps, Unterkühlung)
☐	☐	☐	☐

Bitte umdrehen ...

In welchem Maße, wurden spezielle Notfälle, die besonders in Ihrem Betrieb vorkommen können, in dem letzten Erste-Hilfe-Kurs behandelt?

Spezielle Notfälle wurden aus Ihrer persönlichen Sicht…

☐ ☐ ☐ ☐

gar nicht unzureichend ausreichend umfangreich …im Kurs behandelt.

Haben Sie im Betrieb schonmal Erste-Hilfe geleistet?

☐ ☐

ja nein

Wie fühlen Sie sich vorbereitet, um qualifiziert Erste Hilfe leisten zu können?

Ich fühle mich…

☐ ☐ ☐ ☐ ☐

sehr schlecht schlecht mittelmäßig gut sehr gut

…vorbereitet.

Wie schätzen Sie den Zeitabstand von ca. 2 Jahren zwischen den Erste-Hilfe-Kursen für Ihre Handlungssicherheit im Notfall ein?

Der Zeitabstand ist meiner Meinung nach…

☐ ☐ ☐ ☐ ☐

zu kurz eher zu kurz angemessen eher zu lang zu lang.

Denken Sie nun bitte an Ihren letzten Erste-Hilfe-Kurs zurück. Kreuzen Sie zutreffendes an.

Die Qualität der Ausbildung war Ihrer Meinung nach…

☐ ☐ ☐ ☐ ☐

sehr gering gering neutral hoch sehr hoch.

Vielen Dank für die Teilnahme!

Kurzes Anfangsquiz für Erste-Hilfe Kursteilnehmer*innen

(Bitte kreuzen Sie Ihre Antworten an. Pro Frage sind **mehrere** Antworten möglich.)

Dem Auszubildenden ist ätzender Toilettenreiniger über die Hand gelaufen. Er klagt über Schmerzen.

Wie handeln Sie?

Substanz trocken abwischen ‖ Substanz mit Wasser abspülen ‖ leichtes Schmerzmittel geben

☐ ☐ ☐

Ein Mitarbeiter hat sich am Auge verletzt. Ein Metallsplitter steckt seitlich im Auge.

Was sollten Sie tun, um zu helfen?

112 anrufen ‖ Augenspülflasche anwenden ‖ Splitter entfernen ‖ nur das verletzte Auge verbinden

☐ ☐ ☐ ☐

Eine Arbeitskollegin hat sich eine größere Verbrennung am Oberschenkel zugezogen.

Welche der folgenden Maßnahmen würden Sie ergreifen?

Mit Wasser kühlen ‖ Brandsalbe benutzen ‖ Person wärmen ‖ Wunde abdecken ‖ Brandblasen öffnen

☐ ☐ ☐ ☐ ☐

Sie haben bei der Arbeit einen Stromschlag an einer Steckdose erlitten. Nach kurzem Schreck geht es Ihnen wieder gut.

Wann sollten Sie eine Notaufnahme aufsuchen?

Nur wenn Beschwerden auftreten ‖ wenn der Schlag länger als 2 Sek. andauerte ‖ nach dem Ereignis

☐ ☐ ☐

Ein schweres Maschinenbauteil ist Ihrer Arbeitskollegin auf den Unterarm gefallen. Der Unterarm hat einen deutlichen Knick und die Hand läuft blau an.

Wie gehen Sie vor?

Arm vorsichtig gerade ziehen ‖ Mit Kühlbeutel kühlen ‖ fest verbinden ‖ Arm tief und bequem lagern

☐ ☐ ☐ ☐